「コト消費」の嘘

川上徹也

角川新書

はじめに

●「モノ」より「コト」ってホント？

ここ数年、頻繁にメディアに登場するようになった言葉に「コト消費」があります。

「モノが売れない時代」といわれて久しいなかで、いま急激に脚光を浴びている言葉です。

現在では新しい大型商業施設がオープンする際には、必ず「コト消費を目指す」「モノからコトへ」というフレーズとともに紹介されています。

また一方で、観光をしたりイベントに参加したりするような「体験型の消費」のことを「コト消費」と呼ぶこともあります。

猫も杓子《しやくし》も「コト消費」という状況で、文脈によって実に多様な意味で使われているのが実情です。

そうした中で、次のような疑問を感じている方は少なくないでしょう。

・「コト消費」ってどういう意味の言葉なのか？
・「モノ消費からコト消費」というのは本当なのか？
・「コト消費を目指す」というコンセプトで売り出した施設は繁盛しているのか？
・「モノ」より「コト」を重視すれば儲《もう》かるのか？
・自分の仕事や商売に「コト消費」をどう取り入れて売っていくべきなのか？

本書のタイトルは『「コト消費」の嘘』。

「コト消費」という言葉にまつわる数々の疑問を検証しながら、現在の消費スタイルを分析し、「コト消費」という言葉に踊らされない、お客さんが心の底から「買いたくなる」「また来たくなる」ような売り方についてお伝えしていきます。

●大型商業施設に足りない〝重要なあるモノ〟

私自身も、ここ数年ずっと「コト消費」という言葉が気になっていました。

それが本書を執筆しようと思った主な動機です。

そもそも「コト消費」という言葉は、モノ（商品・サービス）が売れなくなった時代の、生活者の消費スタイルの変化から生まれてきたものです。

そして、従来の〝モノを所有することに意義を見いだす消費スタイル〟のことを「モノ消費」と名付け対比したのです。

「コト」とは、本来は「モノ」から得られる経験価値のことでした。

一方、私も、10年近く前からずっと「物を売るな、物語を売れ」ということを書籍や講演などで訴え続けてきました。

「モノをストレートに売ろうとして売れる時代は終わった」という認識からです。

だから「コト消費」は、当初、自分が訴えていた「物語で売る＝ストーリーブランディング」という手法に近いと考えていました。

しかしここ数年、大型商業施設が誕生するたびに「コト消費」という言葉が使われるようになったあたりから、私はこの言葉に違和感を抱くようになってきました。

そこで実際に行われている施策が、私が訴えてきた「物語で売る＝ストーリーブランディング」という手法とは根本的に違うことに気づいたからです。

なによりもそれらの商業施設の多くには、私が今の時代に一番必要だと思っている〝**重要なあるモノ**〟がないからです。これなしには、生活者から長く支持される商業施設になることは難しい。ストーリーブランディングにおいては、一番重要なポイントです。

しかしそれがない。なぜ、日本の大型商業施設にこの〝**重要なあるモノ**〟がないのか不思議でなりません。

その〝**重要なあるモノ**〟が何かは、本書を読むと理解していただけると思います。

●「体験を売る」＝コト消費？

とりわけ「コト消費」という言葉への違和感が大きくなったのは、「外国人観光客がモノを買わなくなった」という文脈で「モノ消費からコト消費」というフレーズを頻繁に目にするようになってからです。

２０１５年、「爆買い」という言葉が流行語になるほど、中国人観光客が「モノ」を買ってくれました。デパートでは高級バッグや腕時計などのブランド品を、家電量販店では炊飯器や温水洗浄便座などの家電商品を、まとめ買いする様子がよくテレビに映されました。やがて、それは、化粧品や医薬品など、どちらかといえばより安価なモノの購入にシフトしていきます。

そして２０１６年頃から「中国人を始めとする外国人観光客の消費スタイルがコト消費にシフトした」と報道されるようになりました。

では肝心の「外国人観光客のコト消費」がどんなものかというと、メディアで報道されるのは例えば以下のようなものです。

・温泉や和食を楽しむ
・テーマパーク、動物園、水族館などの施設を楽しむ
・和服を来て街歩き
・エステ、ネイル、カットなどの美容体験
・寿司《すし》をはじめ和食の料理をする体験
・伝統工芸などの体験教室
・アニメの舞台への聖地巡礼

要は、「何かの体験をする＝コト消費」ということになっています。

旅行に来て、買い物よりも体験を重視するのは当たり前です。

いわゆる「爆買い」という現象が例外だっただけです。

改めて「コト消費」ということをうたわなくても、現在の日本人が国内外へ観光旅行をする時に自然に求めるようなことと、ほとんど変わりがないのではないでしょうか？

●「コト消費」に踊らされていませんか？

当たり前ですが「体験型コト消費」を狙うことが悪いと言っているのではありません。

世の中の消費シフトが「モノ」から「コト」へ移っているのは間違いありません。

特に旅行会社・鉄道・ホテル旅館・アミューズメント施設などの観光産業にとっては、「体験型コト消費」に焦点を合わせるのは、当然といえば当然でしょう。

観光産業にとっては「交通機関に乗ってもらう」「宿に泊まってもらう」「施設を利用してもらう」ことがメインの商品だからです。

つまり「コト消費≒モノ消費」と言えます。

それはライブなどのイベントでも同じです。

もちろん、それに加えて「お土産」「グッズ」などが売れればそれに越したことはないですが、まずはメインの商品が売れなければ話になりません。

しかし、観光以外の産業が「体験型コト消費」を狙っても、なかなかうまくいかないのが実情です。それだけでは商品としては成立していないからです。体験というコトがメイン商品（モノ）につながらないケースが非常に多いのが実情です。

よく見かけるのは、商店街や自治体がイベントやお祭りなどを実施して、その時は商品が売れても、リピートにはつながらないというケース（もっと悪いのは、人は来たけど当日もモノは売れなかったというケース）です。

ひょっとしたらこの本を読んでくれているあなたも、それに近い経験をしたことがあるのではないでしょうか？

新しい大型商業施設が取り入れようとした様々なタイプの「コト消費」もまさにこのパターンのように思うのです。

それにつられて人が来ていたとしても、購買意欲がかきたてられず、売上につながらない。リピーターにもなってもらえない。オープン当初は話題になったとしても、徐々に誰も話題にしなくなる。

ここ数年、コト消費を目指すと鳴り物入りでオープンした大型商業施設の多くは、初年度に最高売上を記録し、その後はそれを超えられない状況のようです。

それぞれの施設のコンセプトから考えると、「その場所での体験が口コミを呼び徐々にお客さんが増えていき商売繁盛していく」というのが、本来あるべき姿です。

それなのに、現実は逆になってしまっている。

これは何か方向が間違っているとしか考えられません。

現在の日本は「コト消費」という言葉に踊らされているのでないでしょうか？

たしかにモノだけを売って売れる時代はとっくに終わっています。

けれども、それと同じように、コトだけを売っていても早晩行き詰まるでしょう。

もし本書を読んでいるあなたが、「コト消費」という言葉に踊らされているとしたら、**「モノを売るバカ」**ならぬ**「コトを売るバカ」**になっているかもしれません。

本書を読んで、ぜひ新しい売り方にチャレンジしていただけたらと思います。

●大切なのは「コト」と「モノ」をむすぶこと

「コト」は単独で売っても単発の消費で終わってしまいます。

きちんと「コト」と「モノ」をつなげる消費をつくっていく必要があるのです。

「モノ」を買うことで「コト」を体験できる。

「コト」を経験することで「モノ」を買いたくなる。

そんな消費スタイルのことを、本書では**「コトモノ消費」**と名付けました。

お客さんに「コトモノ消費」をしてもらうことで、売る側は繁盛します。

また買う側も、「コトモノ消費」をすることで、幸せな気持ちになり、本当の意味で豊かなライフスタイルを手に入れることができます。

そうなると世の中の景気もよくなるわけで、近江《おうみ》商人のモットーではないですが、まさに「三方よし」ということになります。

本書では、「コト」と「モノ」をつなげるにはどうすればいいのか、具体的なテクニックを、さまざまな事例を通じてお伝えしていきます。

●「コトモノ消費」から「モノガタリ消費」へ

そう書いておきながら矛盾したことを言います。

「コト」と「モノ」をどうつなげるか、たしかにテクニックは重要ですが、それだけをマネしても一時的な効果しか生まれません。

なぜなら、お客さんはそのテクニックに反応するだけで、飽きたらまた別のところに流れてしまう可能性が高いからです。

商業施設を例にとってみましょう。

Aという施設が「コトモノ消費」をうまく喚起する手法をあみだしたとします。

しかし近くにあるBという施設がより進んだ「コトモノ消費」をあみだせば、お客さんは簡単にBに流れていきます。

そうならないようにするためには、お客さんとより深い関係性をむすんでいく必要があります。

ではどうすれば、そのような深い関係性をむすんでいくことができるでしょうか?

そのキーワードは、ズバリ、

「物語（ストーリー）」

です。

「なんだまた物語か」

そう思う方もいらっしゃるかもしれません。

２０１４年、かねて訴えてきた「ストーリーブランディング」の手法を『物を売るバカ』（角川新書）という本の中でまとめ、そこで「物語で売る」ことの重要性や実践方法を目一杯お伝えしたからです。

しかしあれから3年半で世の中の状況が大きく変わりました。

ここ数年、「物語で売る」手法を実践する会社やお店が急速に増えてきました。

ビジネスにおける「ストーリー」の重要性に多くの方が気づいてきたからです。

私が唱えてきたことを実践していただく会社やお店が増えたことはとても喜ばしいことです。

ただ最近、色々な会社をお手伝いする中で感じていることがあります。

商品の「物語」を発信する側が増えていることで、消費者が「物語」に少し馴《な》れつつあるということです。

ありきたりな物語、特に、商品や会社の過去（ヒストリー）を描くだけでは以前ほどの効果を得られにくくなっています。

そのヒストリーが現在の生活者と関係ないことであればなおさらです。

『物を売るバカ』では、「モノを売る」という思考から脱却してもらうために、「体験を売る」などのシンプルなわかりやすい事例も多数紹介しましたが、現在はより「本質的な物語」を発信していく必要があると考えています。

「本質的な物語」とは、発信する企業やお店が、「物語の主人公」としてきちんと輝いているストーリーです。

主人公が輝くためには、過去を語るだけではダメです。意志のある未来を語る必要があります。その未来を多くの人に共感してもらって初めて〝主人公は輝く〟のです。

さらに言えば、企業や店だけでなく、お客さん、建物や場所、商品、従業員などの登場人物も一緒に輝く必要があります。

その瞬間、それぞれが自分が主人公だと錯覚するほどに。

本書ではそのような「本質的な物語」を消費するトレンドを「**モノガタリ消費**」と名付けました。

それが具体的にどのようなもので、どのような成功事例があるか、どのように組み立てていけばいいかを主に第三章以降で解説していきます。

●事実というストーリーに共感するのが「モノガタリ消費」

一つ注意していただきたいポイントがあります。

「モノガタリ消費」は、フィクションの物語を楽しむ消費スタイルのことではない、という点です。例えば、東京ディズニーランドやユニバーサル・スタジオ・ジャパンなどでは、お客さんたちは、そこでしか味わえない「フィクションの世界観」を楽しんでいます。

このような消費スタイルは、そのフィクションに非常に高い完成度がないと生活者に受け入れられません。中途半端なものは1回体験すれば、もう十分です。前述した以外のテーマパークのほとんどが成功していない現実をみても明らかでしょう。

アニメなどの舞台を訪れる聖地巡礼なども、その作品自体に完成度の高い世界観があるから成り立つのです。ここ数年、流行《はや》りのアニメに近いテイストのイラストでイメージキャラを作り、その土地を活性化しようとする自治体や団体などをみかけますが、うまくいくケースはほぼありません。それは「フィクション」としての完成度が低いからです。

よほどの資本力や企画力がない限り、このようなフィクション系の世界観で売ろうとするのは危険でさえあります（ゆるキャラなども同様です）。純粋にその土地が持つ歴史や特色を前面に押し出したほうがはるかにいいでしょう。

本書が訴える「モノガタリ消費」は、「事実によって生み出されるストーリー」に共感するタイプの消費です。その企業の「ヒストリー」「ビジョン」「コンセプト」「フィロソフィー（哲学）」に共感しながら、自分もその物語の一員として参加する消費です。似ているようで大きく違うのです。

〝フィクションを構築する消費〟に参入するのはハードルが高いのに対して、〝事実を元にした物語に共感する消費〟は、大企業から小さな会社やお店に至るまで、実践することは比較的容易だと言えます。

もちろんきちんと「物語の原石」や「物語の種」を見つけることができたら、ということが大前提です。

●ネットショップこそ「モノガタリ消費」が重要

多くの世代で、ネットで買い物することが当たり前になってきました。

このような消費スタイルの変化も、「コト消費」が叫ばれるようになった大きな要因の一つです。

「単純にモノを買うだけならば、ネット通販で事足りてしまう。だから何かしら現場での体験（コト）がないと、実店舗で買う意味がない」と考えるようになったからです。

ではネットショップがどこも好調かと言えば、そんなことはありません。

好調なのはごく一部だけで、以前よりも売れなくなっている店が増えています。

大手流通や百貨店などは、どこもECサイトでの販売やオムニチャンネル（リアル店舗とネット販売の融合）に力を入れていますが、寡聞にして大成功しているという事例をきくことはありません。

ECの巨人アマゾンの一人勝ちと言ってもいい状況です。

２０１７年4月、アマゾンジャパンが、一部地域で野菜・果物・鮮魚・精肉などの生鮮食料品の取り扱いを始めました（「Amazon フレッシュ」）。

アメリカでは、リアル書店（「Amazon Books（アマゾンブックス）」）や、レジがないコンビニ（「Amazon Go（アマゾンゴー）」）などにも進出しています。２０１７年6月には、アメリカの高級スーパーチェーンとして有名なホールフーズ・マーケットを１３７億ドル（約1兆５０００億円）という巨額を投じて買収すると発表しました。

ますます、巨大に強力になっていくアマゾンに「モノ消費」で対抗しても、他のＥＣサイトは勝ち目がありません。かといって、ネットで「体験型コト消費」を実行するのはなかなか難しいのも事実。

ではどうすればいいか？

その答えが「モノガタリ消費」にあります。

実際にネットショップでどのような形で「物語」を売っていけばいいかの具体例は、第四章で説明します。

●「コトモノ消費」、「モノガタリ消費」の色々な実例を紹介

本書は、まず過熱して報じられている「コト消費」を分析し、その現状を紹介します。

次にどのような手法を用いれば、モノをコトにむすぶ「コトモノ消費」を喚起させることができるかのテクニックをお伝えしていきます。

その上で、さらにファンを生み出す「モノガタリ消費」に昇華される手法について、多くの成功例・失敗例をあげていき、わかりやすく解説します。

第一章では、ちまたで使われている「コト消費」という言葉の実態をきちんと分類し、何が本当の消費につながるかを川上流に解説します。その上で、ここ数年、「コト消費」を狙って鳴り物入りでオープンした大型商業施設の、2017年夏現在の状況をレポートし、それぞれの施設がどれくらい「コトとモノをつなげているか」を検証し、「コトモノ指数」として評価しました。

第二章では、どうすれば「コト」と「モノ」を結びつけることができるかをいくつかの事例から解説していきます。その上で三つの仮説を導き出し、実際の店舗でどう応用していけばいいかの具体例を提案していきます。

第三章では、「コトモノ消費」を超えて、がっちりとファンを作る「モノガタリ消費」を実践して成功していると思われる事例を紹介していきます。特に、「宮原眼科」「中友百貨店」「誠品書店」などの台湾での事例を中心にお伝えします。

第四章では、「モノガタリ消費」を目指す時、どのようにして企業が物語の主人公になればいいかについての方法論を語っていきます。

●言葉と物語で、〝もったいない〟を救う

『物を売るバカ』を出版以降、様々な規模の色々な業種の会社からアドバイスを求められたり、研修をさせていただいたりする中で気づいたことがあります。

日本は「もったいない会社で満ちあふれている」ということです。

「もったいない会社」とは、その価値やポテンシャルが、お客さん、得意先取引先、世の中にきちんと伝わっていないという状態のことをさします。うまくそれを伝えることができたら、もっとラクに商売繁盛できるはずなのに、もったいない、と思うのです。

中小企業のほとんどが（うまくブランディングできている一部の会社を除き）「もったいない会社」だと言えるでしょう。

また大企業であっても、大学生の就職希望ランキングの上位に来るような有名ブランド企業を除くと、ほとんどが「もったいない」のが現実です。特に、いわゆるBtoB企業ではそれが顕著です。せっかく高い技術を持っているのに、知られていない。本当にもったいないなと思います。

企業に限らず、地域や団体などでも同じことがいえます。せっかくいい所がいっぱいあるのに、その価値やポテンシャルが伝わっていないのはとてももったいない。

私は、元々広告会社の社員として多くの大手企業の広告・プロモーション・マーケティング活動に携わりました。社内でクリエイティブ局に異動してからは主にCMやプロモーション映像のプランニングを担当しました。

独立後も、フリーランスのコピーライターとして、広告会社とタッグを組んで、広告制作や企業ブランディングなどに携わっていました。

しかしその中で、自分の仕事に対しての違和感がどんどん大きくなっていきました。広告表現は、企業の代弁者として「いかに商品が素晴らしいか」をうまく表現するテクニックが求められます。それほど素晴らしいと思えない商品をテクニックを使って素晴らしく訴求することに徐々に疲れてきたのです（ゲームと考えればおもしろいのですが）。自分個人だと振り切った提案をしてもいいのですが、広告会社とタッグを組んでいるとそうもいきません。

また、いわゆるブランディングも、広告会社が提案するものは、乱暴に言うと「新しいロゴやデザインをつくって、CMをはじめとする広告・商品パッケージ・ホームページなどを一新し、キャラクターになるタレントを起用して、とってつけたようなコミュニケーションワードをつける」というものです。

たとえて言うと、企業や商品に新しいきらびやかな衣装を着せるイメージです。常に新しい衣装を買ってくれないことには、広告会社は儲からないのでそれは仕方がないことだとは思います。ただ人々の価値観が変化していく中で、そのような手法に疑問を感じることが多くなってきたのです。たしかに新しい衣装で人目を引くことができたとしても、すぐに色あせてしまいます。

「もっと本当の意味で企業や商品を輝かせて、長く色あせない効果がある方法はないだろうか？」という思いが強くなりました。

そうした試行錯誤をした中から、人の感情を大きく動かす「物語の力」をビジネスの場に応用できるのではと思いつき、「ストーリーブランディング」という手法を考案したのです。

ストーリーブランディングとは、ごく簡潔にいうと「企業を物語の主人公に位置づけ輝かせることでブランディングする」という手法です。

ビジネスという場で「物語の主人公」に必要なのは、きらびやかな衣装ではありません。「真実という服」です。パッと見は華やかではない。ただその企業にとっては、真実こそが一番似合う服なのです。

もちろん「真実という服」を着ただけでは、本当の意味での「物語の主人公」にはなれません。主人公が行動しない物語は退屈で見る気がしないからです。

主人公が高い目標をかかげて、色々な困難や障害に立ち向かっていく姿を見せることが重要になります。それによって観客（見込み客）や共演者（社員）は主人公のファンになっていくからです。

このプロセスをわかりやすく見える化し発信していくことが「ストーリーブランディング」なのです。

主人公が「志」に向かって歩み続けている限り色あせることはない。

高い広告費をつぎ込めない、日本中にあふれている「もったいない会社」にこそ有効な手法だと強く思っています。

僭越《せんえつ》は承知の上ですが、私は自分の力で、日本中にあふれている「もったいない会社」を1社でも多く「もったいある会社」にすることはできないかと、真剣に考えています。

「言葉」と「物語」の両輪で、日本中にあふれている「もったいない会社」を救う。

今後もそんな活動を続けていきたいと思います。

本書が、あなたの会社やお店が「もったいない状態」から脱出するきっかけになれば、著者としてこれほどうれしいことはありません。

目次

本書に書かれている情報は2017年9月末日現在のものです。

第一章

メディアをにぎわす「コト消費」とは?

大型商業施設に見る「コト消費」の現状

●見出しに躍る「コト消費」という言葉

ここ数年、「コト消費」という言葉がメディアをにぎわせています。

新聞・雑誌のデータベースである「日経テレコン」で調べると、新聞（専門紙を含む）で「コト消費」という言葉を見出しや本文で使った記事の本数は、初出から2015年末までには374本でした。それが2016年の1年間で使われたのが453本、2017年に至っては9月末までの段階で1019本となっています。2016年からブームになり、2017年に入って圧倒的にこの言葉が使われ始めたことがわかります。

その一部をピックアップしてみます。

来年の福袋は「コト消費」高島屋・三越伊勢丹など
（2016年11月7日　日本経済新聞電子版）

転機の地方百貨店インタビュー　松山三越永木昭彦社長――自主運営売り場縮小せず、趣味や美容、コト消費に的。
（2016年11月29日　日本経済新聞四国版）

中国地方百貨店の福袋「コト消費」満載　カープ選手と食事

羽ばたけ「コト消費」、百貨店や交通各社、年始商戦で体験型拡充、そごう横浜、プロポーズ用福袋、京急電鉄、初日の出特別列車。
（2016年12月29日　中国新聞）

ポスト爆買いは「思い出作り」　福岡に〝コト消費〟狙う外国人向け観光案内所
（2016年12月28日　日本経済新聞神奈川版）

訪日客のコト消費つかめ　旅行大手、そば打ち・陶芸などPR
（2017年1月12日　西日本新聞）

ユニー、総合スーパー改装　商業施設、「コト消費」に的　TSUTAYAと協力　ヨガ・飲食店…女性客誘う
（2017年1月25日　日本経済新聞電子版）

中国春節、コト消費一服、小売売上高2桁増も——映画興収、7割増が1割に、海外旅行、伸び率2桁割る。
（2017年2月16日　日本経済新聞電子版）

自分磨きへ「コト消費」　プレミアムフライデー企画続々　静岡
（2017年2月10日　日経MJ）

ものづくりを「見せる化」　石川、富山の製造業「コト消費」を狙う　工場改装、見学
（2017年2月23日　静岡新聞）

エリアを新設　　　　　　　　　（2017年2月24日　北國新聞）

GINZA SIX開業　241店「高級感あふれる」ブランド・コト消費　熱視線
（2017年4月21日　日本経済新聞）

婚活実らす「コト消費」　農業体験や島探検　共同作業で自然な会話
（2017年4月22日　日本経済新聞）

関西「コト消費」競演、大阪「夜」も誘客、大阪城周辺に新劇場、娯楽充実、長い滞在促す。
（2017年4月14日　日本経済新聞関西版）

旅行大手、コト消費深掘り　訪日客の長期滞在促す、日本旅行が着物レンタル窓口、阪急交通、もてなし研修提供
（2017年4月18日　日本経済新聞）

これらの見出しだけを見ても、様々な文脈で「コト消費」という言葉が使われているのがわかります。また見出しではなく中身だけに使われている記事もたくさんあります。中には居酒屋のメニューの言葉を変えただけで「コト消費」などと訴える記事もありました。

このように「コト消費」という言葉が一人歩きしている印象です。

●80年代からあったコト消費

「コト消費」という言葉が使われるようになったのは、２０００年前後からだと言われていました。しかし、今回、改めてそのルーツを調べてみると、さらに以前から使われている言葉だとわかりました。

調べた範囲で一番古くに出てきた記事は、１９８９年9月23日の日経流通新聞（現・日経ＭＪ）にありました。若者の消費動向について書いた記事で、見出しは「現代版貴族、今をリッチにエンジョイ――瞬間貴族の横顔（消費最前線）」です。

以下、一部を引用します。

> つかの間に王侯貴族の気分を味わう若者たち。その消費行動は高級志向という消費トレンドの中でも異彩を放つ存在である。彼らは決して資産を持っているわけではない。いや持つことをあきらめたために、一瞬の快適さに身を沈めることが可能になったのだろう。（中略）そこで、稼いだ金をどの方面に使うか、という問題になる。こうした金の行き先の一つが新しい消費。**かつての一点豪華主義のモノ消費から、時間や空間などソフトに積極的に投資するコト消費へと流れている。**ひと時でも、自分な

りの生活の楽しさを追求、リッチ感を味わおうとしているのだ。高級外車をリースで楽しむ若者が増えているのはその一例だ。（中略）。だから車を購入するよりも、大事な時だけ、高級外車をリースし、日ごろ味わえないリッチ感覚を得るのが「瞬間貴族」のライフスタイルにマッチしているのだ。

バブル絶頂期で、若者のことを「現代版貴族」と呼んでいることには隔世の感はありますが、それを除くと、語られていることは意外なほど現代の消費マインドと共通しているのに驚きます。

その後の記事を追うと、90年代から00年代前半にかけて消費が停滞しモノが売れなくなるたびに「コト消費」という言葉が紹介されています。そして00年代後半から「コト消費」という言葉が使われる記事の本数が増え、近年、一大トレンドとして使われるようになっています。

●なぜ「コト消費」は流行語になったのか？

「コト消費」という言葉が流行語になってきた背景には、まず従来のような〝モノを所有することに意義を見いだす消費スタイル〟が、以下のような要因により下火になってきたことがあります。

・オーバーストア（店が過剰に出店すること）により、世の中に「モノ」があふれるようになった
・生活に必要なモノが一通り手に入り、特に欲しい「モノ」がなくなってきた
・低成長が続き老後の不安などからできるだけお金を使わない習慣が一般化した
・「断捨離」などの言葉に代表されるように、モノを所有しないほうが進んだライフスタイルであるという風潮が高まってきた
・多くの人々がモノの所有よりも体験的価値に重きをおくようになってきた
・ＥＣサイトの台頭で、単純にモノが欲しい時は、インターネットで買い物をする人が爆発的に増えた

これらの傾向自体は、バブル崩壊後、平成不況のなかでずっと言われてきたことではあります。

そうしたなかで「コト消費」という言葉が取り沙汰《ざた》されるようになったのは、２０１０年代に入ってからです。

とりわけ日本人の意識の面で転機になったのが、２０１１年3月の東日本大震災でした。その後に発表された様々な調査で、先ほど触れたような消費者の意識の変化を見てとることができます。

その風潮は、「モノを売る側」、特にデパートやショピングモールなどの大型商業施設にとっては深刻な問題でした。それを打開する手段として「コト消費」という言葉にスポットが当たるようになったのです。

そうしたなかで登場したのが、２０１１年12月にオープンした「代官山《だいかんやま》 蔦屋《つたや》書店」を中核とする「代官山 T-SITE」でした。

今までの書店の概念をくつがえし、ただ本などの「モノ」を売るのではなく、プレミアエイジ（60代以上の団塊の世代の新しい呼び名）を対象とする「ライフスタイル」をその売り物としたのです。

さらにその圧倒的な居心地のよさも驚きでした。その場所にいるだけで「心地よい」「ワクワクする」「知的な興奮がある」という「代官山 蔦屋書店体験」というべき「時間」を売り物にしたともいえます。

構想当初は、駅から離れているという立地からどれだけの人が集まるのかと懐疑的な見方も少なくありませんでしたが、実際にオープンすると、想定されたプレミアムエイジだけでなく、幅広い年代のお客さんが押し寄せ、代官山の人の流れが変わったと言われるほど人気を博しています。

ある意味、「代官山 蔦屋書店」の成功が、流通業界における「コト消費」の流れを決定づけたと言えるかもしれません。

ここ数年、コト消費を標榜《ひょうぼう》して新しくできた大型商業施設の多くに、代官山の流れをくむ「蔦屋書店」が入っているのが、その証拠ともいえるでしょう。

さらに、２０１６年には以下の要因が加わりました。

一つは、「シェアリングエコノミー」の台頭です。インターネットを活用し、個人同士が空き時間や使われていないもののやり取りをする場面が増えました。たとえば車をもたずに、必要な場面でカーシェアリングを利用すればいいと考える人も増えています。今後ますますモノの所有に価値を見いださない生活者が増えていくことが予想されます。

もう一つが、「爆買い」が落ち着いてきたことです。２０１５年前後の日本経済を支えたものに、外国人観光客（特に中国人観光客）の増加と、彼らによるモノの大量消費がありました。けれども、そのムーブメントが一段落して、最初に見たように日本での体験を重視するような観光にシフトしつつあります。

「コト消費」という言葉がこのタイミングでよりメディアをにぎわすようになった理由には、過去数年の爆買いとの対比で記事で使いやすいということが大きな要因であるのは間違いありません。

こうして、新しく芽生えてきた「体験的価値にお金を払う」という消費の風潮をひとまとめにして集約して語られているのが、「コト消費」という言葉なのです。

●7タイプの「コト消費」とは?

さて、ここで様々な文脈で使われる「コト消費」について、川上流にざっくり七つに分類してみました。

それぞれがきちんと分かれているものばかりではありません。

いくつかのカテゴリーに重複しているものもあれば、どちらに分類してもいいようなものもあります。

①純粋体験型コト消費

「体験型消費自体」が商品になっている「コト消費」のことをいいます。

観光産業ではその多くの商品がこのカテゴリーに属するものです。

ホテルや旅館に泊まる。その土地ならではの食事をする。温泉やスキーを体験する。神社・仏閣などの観光地に行く。山・川・海などでアクティビティを体験する。ライブ・フェス・花火大会などのイベントに参加するなどといった単純なものから、日本ならではの文化体験なども含まれます。

文化体験は、和服の着付け・書道・陶芸など伝統文化の体験と、コスプレなどに代表されるポップカルチャーの体験が主なものです。

いわゆる外国人観光客の消費における記事では、ほとんどがこの意味で「コト消費」という言葉が使われています。

外国人観光客に限らず、このタイプの「コト消費」は今後も成長が見込めるでしょう。

今、全国各地で人気の観光列車などはその典型です。

最近増えているのは「聖地巡礼」です。本来の意味は、宗教の発祥地などに赴くことを言いますが、近年は、漫画・アニメ・映画・ドラマなどの作品における「物語の舞台となった土地」を実際に訪れることを指して使われる言葉になっています。

平成27年度訪日外国人消費動向調査によると、全体の約5％弱の外国人観光客が聖地巡礼を目的に訪れるという結果が出ています。5％弱といっても90万人以上ですから、かなりの人数です。

たとえば江ノ電鎌倉《かまくら》高校駅前1号踏み切りは、特に店などは何もない場所ですが、アニメ化された『スラムダンク』のオープニングシーンに登場する場所ということで、主に台湾人観光客の聖地巡礼でいつもにぎわっています。

観光以外にも、ヘアカット・カラーリング・ネイル・エクステ・エステ・マッサージ・ストレッチなどの業種も含まれます。

純粋体験型コト消費の特徴は、「コト」と「モノ」を結びつけなくても、商売としては成立するということです（聖地巡礼は除く）。

「体験してもらうこと＝商品」だからです。

別の言い方をすると「コト消費≒モノ消費」だと言えます。

そうは言っても、純粋体験型コト消費をさらに「モノ」につなげることができればより大きな消費を生み出すことも事実です。

ライブイベントなどでは、グッズなどのモノを買ってもらって初めて、収益が見込めるというタイプのものもあります。

特に聖地巡礼に関しては、現地での「消費」につながっていないケースも少なからずあるので、もったいないという考え方もあるでしょう。

体験とモノをつなぐヒントは第二章で解説します。

②イベント型コト消費

「イベント＝商品」である場合は、①の純粋体験型コト消費に含まれます。

ここにカテゴライズされるのは、デパートやショッピングモールの商業施設や商店街などで、何かイベントを開催することで集客するという手法のコト消費です。

多くの場合、イベント自体は無料なので、それ自体では商売として成立しません。イベントによって集まってくる人の、モノ消費を期待したコト消費だと言えるでしょう。

一般的には、一過性の効果に終わってしまうケースが多いようです。

どうすれば、イベントとモノをつなぐことができるかのアイデアは第二章で解説します。

③アトラクション施設型コト消費

この項目に入るのは、主にショッピングモールなどの商業施設などに何らかのアトラクション施設を作ることで、集客するという手法のコト消費です（単独のアトラクション施設に行くような消費は①の純粋体験型コト消費に含まれます）。

代表的なものとしては、映画館（シネマコンプレックス）でしょう。

他にも、ミニ遊園地、アスレチック、子供向け教育エンタメ施設、美術館、劇場、水族館、動物園など様々なアトラクション施設を、モールなどの商業施設内に導入することが増えてきました。

言うまでもなく、これらの施設は集客には効果があります。その施設が他にない魅力的なものであればなおさらです。食事をはじめ、ある程度のモノ消費につながることもあるでしょう。

しかし、導入には莫大《ばくだい》な投資が必要です。

オープン当初は人気だったが、今は無用の長物になっているものも少なくありません。一時期、各地の商業施設で盛んに導入された観覧車などはその典型です。

それはお客さんが本当に欲しているものなのか、またそれだけの費用をかける意味が本当にあるのかなど、きちんと検証する必要があるでしょう。

④時間滞在型コト消費

主に商業施設において、長時間滞在してもらうことで、「モノを買ってもらう」ことを狙ったコト消費です。

前述した「イベント」や「アトラクション施設」なども、広い意味では滞在時間を増やすことにつながるので、ここにも含まれるでしょう。

最近多いのは、居心地のいい場所を提供し、自然と長時間滞在してもらうことでの消費を狙うスタイルです。

「トキ消費」という言葉も最近ちらほら見かけますが、この時間滞在型コト消費を言い換えたものだと考えてもいいでしょう。

前述した「代官山 蔦屋書店」の流れをくむ「蔦屋書店」「T-SITE」（蔦屋書店を中核とした複合商業施設の名称）などは、その典型です。

私自身も日頃からよく利用させてもらっていますし、最近まで新しい蔦屋書店ができたと聞くと、日本全国どこであっても見学に出かけていました。

いずれもとても居心地のいい空間ですし、このような施設ができることは、消費者にとってても喜ばしいことなのはたしかです。

ただ、そうした商業施設が、本当に他の消費につなげられているかは、改めて検証する必要があるでしょう。

いつまでも居心地のよさだけが支持されることは滅多にありません。商業施設である以上、きちんとモノを消費してもらってこそ未来があります。

長い時間滞在したからといって「モノ」を消費するとは限りません。このタイプの消費では、居心地の良さを「モノ消費」につなげる仕掛けが重要になってくるでしょう。

⑤コミュニティ型コト消費

その商業施設を中心としたコミュニティを形成することで、消費につなげようというスタイルのコト消費です。コミュニティの場となることで、多くの時間滞在してもらうという意味では、④の時間滞在型コト消費の要素もあります。

ただ、④のようにお客さんに居心地のよいスペースを提供するだけでなく、積極的に参加してもらう必要があります。

形成されるコミュニティは、「商品を中心としたコミュニティ」「商品とは関係ないコミュニティ」の大きく二つに分けられます。

「商品を中心としたコミュニティ」とは、たとえば自転車売り場で〝自転車好きな人たちが集まるコミュニティの場をつくる〟というようなものです。

「商品とは関係ないコミュニティ」とは、〝直接は商品とは関係ない「社会活動」や「趣味」などのコミュニティをつくる〟というようなものです。

どちらにしても軌道に乗るまでは大変です。スタッフの手間もかかります。

大型商業施設よりも、中小規模のお店などの方がうまくいきやすいタイプの消費だともいえるでしょう。

⑥ライフスタイル型コト消費

商業施設がライフスタイル全般を提供することで、ファンになってもらい購買につなげるというタイプのコト消費です。

「アップルストア」などはその典型ですね。

「イケア」「無印良品」などもこの要素が強いと言えます。

このように単独の店舗ではライフスタイルを訴えることはできても、色々な店舗が集まる大型商業施設の場合、なかなかうまくいかないケースが多いのが実情です。

このタイプのコト消費を目指すのであれば、「はじめに」でも述べた〝重要なあるモノ〟が必要不可欠になります。

それが何であり、どのように活用していけばいいかは第四章で解説します。

⑦買い物ワクワク型コト消費

モノを買うこと自体がワクワクするような仕掛けや店舗設計をすることで、買いたい気持ちにさせるというコト消費です。

90年代における「東急ハンズ」や「ロフト」、00年代における「ドン・キホーテ」や「ヴィレッジヴァンガード」などの店舗を想像していただければと思います。

10年代に入ってからは、たとえば「カルディコーヒーファーム」「北野エース」などの特化型スーパーと呼ばれる店舗はこの要素が強いです。

ワクワクするという「店舗体験（コト）」を、直接「モノ消費」に向かわせていたという点では後述する「コトモノ消費」につながるヒントがあります。

●「コトを売るバカ」になっていませんか？

さて、先ほども述べましたが、メディアで躍る「コト消費」という言葉は、このような要素を一緒にして論じているケースが多いのが実情です。

①の純粋体験型コト消費は、それ自体が商品なので話題になって売れれば成功です。

しかし特に大型商業施設が取り入れようとしている②～⑤のコト消費に関しては、あくまでそれは集客や滞在時間を増やすための施策であって、買い物（モノ消費）につなげてもらわないと成功とは言えないでしょう。

「コト消費」が思ったほどの効果をあげていないのは、きちんと「コト」を「モノ」につなげられていないからです。

「コト」は単独で売っても単発の消費で終わってしまいます。

もしくはただの暇つぶしの場所になってしまう。

これではまさに「コトを売るバカ」です。

きちんと「コト」と「モノ」をつなげる消費（＝「コトモノ消費」）をつくっていく必要

があるのです。

●大型商業施設の「コトモノ指数」を評価

コトモノ消費の具体的な手法は第二章以降にゆずるとして、第一章ではここ数年、「コト消費」を狙って鳴り物入りでオープンしたデパートやショッピングモールなどの大型商業施設の、2017年夏現在の状況をレポートします。

大型商業施設に絞っているのは、モノが売れない状況下でECサイトの台頭に危機感を抱き、リアル店舗でしか体験できない「コト消費」というトレンドをいち早く取り入れようとしている象徴的な業態だからです。

取り上げる大型商業施設は、以下の14施設。

「GINZA　SIX（東京）」
「銀座《ぎんざ》ロフト（東京）」
「MEGAドン・キホーテ渋谷《しぶや》本店（東京）」
「阪急うめだ本店（大阪）」

「あべのハルカス近鉄本店（大阪）」
「枚方《ひらかた》 T-SITE（大阪）」
「LECT（広島）」
「エディオン蔦屋家電（広島）」
「イオンモール幕張《まくはり》新都心（千葉）」
「ららぽーと富士見《ふじみ》（埼玉）」
「イオンモール岡山（岡山）」
「ららぽーと湘南平塚《しょうなんひらつか》（神奈川）」
「アピタ新守山《しんもりやま》店（愛知）」
「イオンモール常滑《とこなめ》（愛知）」

　このような大型商業施設は、オープン時には大々的にメディアに取り上げられ、コト消費の新しい試みについて報じられます。しかしながら、その後、その試みがどのような成果をあげているのかについては、残念ながら全くといっていいほど報じられていません。
　そのような理由から現状をレポートするだけでも価値があると考えたのです。

２０１７年7月から9月にかけて実際に施設を訪れました（オープン当初に見学した施設も今回改めて訪れました）。

その上で、それぞれの施設の概要と、どのような「コト消費」の施策を実施しているのかなど、前述の七つの分類に沿って紹介していきます。

またそれぞれの施設が、２０１７年夏現在で、どれくらい「コトとモノをつなげているか」を検証し、独断と偏見で「コトモノ指数」として評価しました。

施設全体の評価や売上などの客観的な実績への評価という意味ではありません。あくまで消費者目線から「コトとモノのつながり」だけで見た評価です。私自身、流通業界の専門家ではないので、具体的な売上数字などを根拠にしてつけた客観的な評価でなく、主観的な評価であることをあらかじめお断りしておきます。

色々なテナントが集まった施設と単独の店舗を比べるのは本来は筋違いであることも、立地によって大きな差が生まれることなども重々承知しつつ書いています。

それぞれマイナスなことも書いていますが、事業関係者の皆様には、よりよい施設になって欲しいための提案だと寛大な心で受け止めていただけるとありがたいです。

ではそれぞれ見ていきましょう。

GINZA SIX（東京）

施設概要

2017年4月、東京都中央《ちゅうおう》区銀座6丁目に大丸松坂屋百貨店などが開業した銀座エリア最大の商業施設。

銀座最古の百貨店「松坂屋銀座店」の跡地を含む、隣接する2街区を一体開発したもので、商業施設だけでなく、オフィス、観光拠点と文化・交流施設、そして屋上庭園という機能が一体となっています。

コンセプトは「Life At Its Best 最高に満たされた暮らし」。地下3階から13階まであり、多数の世界的有名ブランドが旗艦店をかまえています。特に施設正面側には115メートルにわたって六つの高級ブランドが旗艦店をかまえて、ウインドウショッピングが楽しめるようになっています。

1階には、銀座初となる団体客向け観光バス乗降所「ターミナルギンザ」を設置。多言語に対応した観光案内から、免税手続き、手荷物預かり、宅配などのサービスをワンストップで提供しています。

6階に展開する「銀座 蔦屋書店」は、「日本一アートな書店」として「アートのある暮らし」を提案。本だけでなく、アート作品なども多数展示されています。また地下3階にはこれまで渋谷区にあった「観世《かんぜ》能楽堂」を誘致し、日本の伝統芸能「能」を鑑賞することができます。

オープニングに際して、大丸松坂屋百貨店を傘下にもつJ・フロント リテイリングの山本良一《やまもとりょういち》社長は「単に高価で高級なものを集めるのでなく、最高の価値をもつモノやサービス、体験、時間、インスピレーションなどを最高の環境とプロモーションで提供する」という趣旨の発言をしています。

コト消費の取り組み

まだオープンして数カ月ということで、平日にもかかわらず最新の話題のスポットを見学に来ましたという感じの人で大いににぎわっていました。外国人観光客も数多く目につきました。これは①純粋体験型コト消費と言えます。

6階にある「銀座 蔦屋書店」に併設されているスターバックスコーヒーは、混み合っていることもあり、④時間滞在型コト消費というよりは、③アトラクション施設型コト消費の役割を担っているといってもいいかもしれません。「観世能楽堂」「屋上庭園」も同様です。地下1階のビューティフロアは、全ブランドの半数以上が個室を設けて、人の目を気にせずゆっくり選んでもらえるという、④時間滞在型コト消費を狙っています。

コトモノ指数　★★★☆☆　3・0

「脱百貨店をめざす」「アートとサイエンスの融合」などの記事を読んで、どんな新しい空間になっているのだろうと期待値を高くして訪れました。おそらく出店しているブランドに興味があればワクワクする空間なのかもしれません。ただそこに興味がなければなかなか買いたいものは見つからず、あまりワクワクしないかもしれません。

残念ながら、私は後者でした。

6階にある「銀座　蔦屋書店」やスターバックスはたしかに美しいです。ただ、全国で美しい蔦屋書店をこれまで見てきているので、あの「代官山　蔦屋書店」を最初に見た時のような衝撃は残念ながら感じません。美術館を見学しているようで、「モノを買いたい」という気分はあまり高まりませんでした。もちろん、この施設で一番の象徴的なアートな空間であることは間違いありません。

地下2階のフードフロアは、半数以上が新業態とのことで、たしかに目新しい印象の店舗が多かったです。イートインスペースを併設している店舗も目につきます。

中でも高級ワインショップのエノテカが、グラスでの試し飲みを1杯500円からできるカフェ&バーを併設していたのが印象的でした。これはおそらくワインの購入にもつながっていると思います。言うまでもなく、高級ワインをオシャレな雰囲気で試し飲みする体験（コト消費）と、ソムリエから商品の説明を聞くことで買いたくなる「モノ消費」をうまくつなげているからです。

デパ地下には珍しく、買った食品やスイーツをイートインできる共用スペースもありましたが、端の方の狭い空間であったことは残念です。もっとアートな空間でコーヒーなどを提供して、イートインできるスペースを提供すると、さらにモノ消費につながるのではないでしょうか。

全体としてはコトとモノのつながりがもっとあればいいのに、もったいないなという感想を抱きました。

銀座ロフト（東京）

施設概要

２０１７年６月、東京都中央区銀座２丁目並木《なみき》通りに位置する銀座ベルビア館に開業したロフトの新旗艦店。

創業30年目を迎えるロフトが、次世代に向けた新しいカタチの大型店としてオープンさせたもので、コンセプトは、「こだわりの『モノ』が揃い、新しい『コト』に出会い、発信する『ヒト』がいる」です。

雑貨という「モノ」を揃えることにとどまらず、〝実際に体験できる〟〝イベントに参加できる〟などのコトも楽しめる仕掛けを提供し、絶えず新しい情報を発信しつづける「ヒト」がいる店舗を目指しているとのことです。

オープンに際してロフトの安藤公基《あんどうこうき》社長は「創業期のロフトブランドイメージが薄れつつある。銀座ロフト最大のミッションは、もう一度、ピカピカのロフトブランドを作り上げること。そのために、ここでしか出会えない、モノやコトを情報拡散し、ファン拡大を図っていく」という趣旨のことを語っています。

コト消費の取り組み

オープン時の一番の目玉は、TEAM LOFTの存在でしょう。田中里奈《たなかりな》（モデル）、大塚朝之《おおつかともゆき》（猿田彦珈琲バリスタ）、ねんドル岡田《おかだ》ひとみ（エデュテインメントアーティスト）、森枝幹《もりえだかん》（料理人）、西畠清順《にしはたせいじゅん》（そら植物園・プラントハンター）、Adi Panuntun（CEO of Sembilan Matahari）、AKI MIMURA（プロダクトデザイナー・ダンサー）ら各業界のスペシャリストを集めたチームで、彼らを中心に展示、ワークショップ、限定アイテムの開発など〝ヒト〟ありきの独自企画を展開していくというもの。

「モノだけをクローズアップしていても飽きられてしまう。コトだけで言い続けていても売るモノがない。良いモノとコトをそろえたうえで、それらを外に向けて発信をしていく『ヒト』が非常に重要。ただ自分でモノをいいですよと言っているだけではダメ。第三者が言うからこそ伝わる」（銀座ロフト藤野《ふじの》館長）という趣旨で生まれたプロジェクトです。これらの施策は、大きくは②イベント型コト消費に分類されます。

5階は「ワーク＆スタディ」をコンセプトにした文具雑貨「ステーショナリーワールド」が中心の売り場。〈I Love Pencil〉をテーマに、アナログツールの原点ともいえる鉛筆を約400種集めた『PENCIL BAR』を展開。『モレスキンアトリエ』では、世界で初めてとなるモレスキンの名入れマシーンを常設しています。6階「ネクストクリエイション・トラベル・モバイルツール」も含め、かつてのロフトのように⑦買い物ワクワク型コト消費を目指しています。

コトモノ指数　★★★☆　3・5

今までにないロフトということで期待値を高くして訪れました。

おそらくオープン時には、色々なイベントが行われて、施設全体に熱気があったのかもしれません。

私が訪れたのは8月の平日の昼間でした。この時間にはイベントはほぼ行われていないので、商品の展示だけでどれだけ⑦買い物ワクワク型コト消費を喚起させることができるかが勝負です。

たしかにアイコンになっている『PENCIL BAR』を始め、展示の工夫は随所で感じました。

しかしそれらの展示は見る分には楽しいのですが、その商品が欲しい、買いたいという気持ちにはさせられませんでした。

せっかく買う気で来ているのに、もっと買いたい気持ちにさせてほしいなと思いました。TEAM LOFTなどの「ヒト」を前面に出すという施策は素晴らしい取り組みです。

私が訪れた日は6階「ネクストクリエイション・トラベル・モバイルツール」にて、「仕事なんて持って旅にでよう」と題する特設売り場が設けられていました。ノマドスタイルという新しい働き方で有名になった執筆家の安藤美冬《あんどうみふゆ》さんが、旅先で愛用しているアイテムやお薦めのトラベルグッズなどをリコメンドエッセイにして紹介するという売り場です。

このように「ヒト」にスポットを当てた施策をどれだけ「モノ」につなげて、ワクワクするような空間にできるかが、この店が多くの人の支持を得られるかどうかの課題になってくるでしょう。

MEGAドン・キホーテ渋谷本店（東京）

施設概要

2017年5月、東京渋谷の文化村通りに開業した24時間営業のドン・キホーテの新店舗。1999年から18年間親しまれてきた「ドン・キホーテ渋谷店」を閉店し、目と鼻の先に移転リニューアルしたものです。

コンセプトは「進化型旗艦店舗」。旧渋谷店が18年の時を経て当初とはまったく違うような店として進化してきたのと同じように、新店舗もそれをさらに進化させていくという強い決意が込められているといいます。

フロア構成は地下1階から地上6階の7フロアで、地下に生鮮食料品売り場があることが大きな特徴です。これはドン・キホーテが郊外型店舗で推し進めているMEGAドン・キホーテという新業態ですが、それを都心のど真ん中に持ってきたのです。

これには「食品スーパー不毛地帯」と呼ばれていた渋谷で、「買い物難民を救う」という意味合いもあるとのことです。もちろん数多くある飲食店の業務用の需要も当て込んでいるのでしょう。店舗のさらに上層階にキッチンスペースを設け、惣菜《そうざい》などはそこで調理しています。

正面玄関は文化村通り沿いに、裏玄関はセンター街に面しています。センター街の入り口は、この店オリジナルのキャラクター「手招きハチ」像が設置されています。「手招きハチ」像は演出家のテリー伊藤《いとう》さんが発案し、忠犬ハチ公銅像維持会も認めているキャラクターのようです。

階にジェンダーフリー（性別にとらわれず利用できる）トイレを設けたことでも話題になりました。

コト消費の取り組み

ドン・キホーテ独特の店内の回遊性は健在で、知らず知らずのうちに時間を過ごすという④時間滞在型コト消費になる店舗設計になっています。

1階正面入り口を入ってすぐには、巨大な「お土産物コーナー」があります。何よりも日本全国のお土産が一堂に揃うというのが特徴で、「東京」「大阪」「博多《はかた》」などと書かれたノボリが立っています。中でも外国人に人気の観光地「北海道」「沖縄」のお土産はかなりの種類が揃っていました。

同じく1階では、主に外国人観光客をターゲットにした香水・化粧品・カラーコンタクト、キャラクターグッズ、コスプレ用の衣装などが販売されています。またオリジナルキャラクター「手招きハチ」をモチーフにしたモバイルフード「ハチ焼き」も売られていて人気があるようです。

他のフロアも、ドン・キホーテオリジナルのいわゆる「圧縮陳列」*が炸裂《さくれつ》していました。

好みは分かれるとは思いますが、この陳列方法により、⑦買い物ワクワク型コト消費を生み出しているのです。

3階には外国人観光客用の免税対応レジが設けられていて、中国語、韓国語、英語ができるスタッフが常駐しています。夜早くに閉まってしまうことが多い日本の商業施設の中で、24時間営業のこのような店は外国人観光客にとっては貴重でしょう。買い物というだけでなくこの店自体が観光スポットとなる①純粋体験型コト消費としての役割を果たしそうです。

コトモノ指数　★★★★☆　4・0

ドン・キホーテは、大変失礼ながら私にとっては実は苦手な商業施設で、今まで必要に迫られた時にしか立ち寄ることはありませんでした。

＊　圧縮陳列＝ドン・キホーテが買い物の楽しさ・面白さを購買客に煽《あお》り、訴えかけるために行っている独自の商品ディスプレイ・販売促進手法。文字通り、狭小な売り場空間を商品で徹底的に満たし、いわば商品の無秩序空間・ジャングルを形成している。

しかし、今回の渋谷の新店舗は、コトとモノのつなげ方について参考になる部分が非常に多かったです。

中でもドン・キホーテの生鮮食料品売り場は強く印象に残りました。「驚安」という安さを訴求したチカチカしたＰＯＰに目を奪われがちですが、よく見るときちんと商品を説明したＰＯＰも非常に多くあるのが特徴です。

例えば惣菜売り場のカツ丼のコーナーには以下のようなＰＯＰが置かれていました。

知っていますか?

通常スーパーなどにあるカツ丼のカツは冷凍のものを使っているお店が多いんです。しかし、お肉を一度冷凍してしまうと細胞が変性してどうしても味が落ちてしまいます。

しかし、当店のカツは・・！

完全無凍結

だから美味《おい》しさそのまま

とってもジューシー！

このようにきちんと説明されていると食べてみたくなります。

他にも肉の部位やランク、うなぎと穴子の違いなど、人によっては何となくでしか理解していない商品についての知識をとても丁寧に説明したＰＯＰが目立ちます。このような説明（コト）を読むと、モノを買いたくなるのです。

生鮮食料品のフロア以外でも、商品を詳しく説明し、思わず手にとってみたくなるようなＰＯＰが数多くあります。特に１階のフロアでは「渋谷」という土地を盛り上げようという意図が感じられました。

訪れたのは8月の平日夜10時頃でしたが、外国人観光客と日本人客の両方で大変にぎわっていました。特に3階の免税カウンターには長い行列ができていたのが印象的です。

阪急うめだ本店（大阪）

施設概要

大阪市北区《きた》にある百貨店。以前から大阪を代表するデパートでしたが、２００５年から新店舗への改装工事を開始。一部店舗を開業しながらの難工事の末、２０１２年11月に新店舗をグランドオープンさせました。

「劇場型百貨店」がコンセプトで、売り場面積の約20％に当たる場所を情報発信・サービス空間としたことが特徴。特に9階から12階まで4層吹き抜けの情報発信空間「祝祭広場」は圧巻で、阪急うめだホール、阪急うめだギャラリー、アートステージなど施設も充実しています。

コト消費の取り組み

訪れた日の祝祭広場では「アジアフェア2017」が開催されていました。タイを中心としたアジアンフーズの屋台風店舗はどこも大行列。大理石を使った階段には大勢の人が座っていて（300人が座れるそうです）、飲食や歓談をしている姿は壮観でした。この階段はイベント開催時の観覧席になるとのことです。

これなどは②イベント型コト消費ですが、単に集客目的ではなくこちらでもきちんと「モノ」が売れている印象です。また④時間滞在型コト消費につながっています。

2005年、この店舗の建て替えを話し合う社内会議の冒頭で、当時の椙岡俊一《すぎおかしゅんいち》社長が「モノではなく、商品の価値を伝える『コト』を売る百貨店を作る。『楽しいから来た』と思ってもらえる店でないと支持は得られない」

と切り出してできたというデパートだけあって、店内のいろいろな場所で「コト消費」を喚起する取り組みがなされていました。

２０１６年11月の改装で3階婦人服売り場に出現した「Ｄラボ」「Ｄエディット」（国内外の新進気鋭のデザイナーブランドを集めた自主編集売り場）も売上が絶好調とのこと。これなどは⑦買い物ワクワク型コト消費に分類されるでしょう。

コトモノ指数　★★★★☆　４・０

阪急うめだ本店は、コト消費を標榜しながら、すべてのフロアで「モノを売る」ということにつなげようとしている部分がとても印象深かったです。

ただオープン当初は試行錯誤があったようです。「祝祭広場」という巨大な「売り場でない空間」をもてあましたのです。音楽ライブや大道芸などを催してみましたが、お客さんはイベントの間しか集まらず売上につながりませんでした。

そこで、単に集客だけのイベントをやるのではなく「商品の背景にある作り手の思いや産地の臨場感を味わってもらう」というコンセプトで、商品につながるフェアを始めるようになりました。するとそのフェアの売上も伸びて、さらに他の階への波及効果も見られるようになったのです。

ここは、見習うべきポイントですね。

各フロアには「コトコトステージ」というイベント展示スペースを設けています。これは阪急の他の店舗（博多、西宮《にしのみや》）で実績があったものを導入したものです。

あべのハルカス近鉄本店（大阪）

施設概要

大阪市阿倍野《あべの》区にあるデパート。あべのハルカスは、２０１７年現在、日本で最も高いビル。その低層階に近鉄百貨店は入っています。

大阪の南の玄関口、あべの橋・天王寺《てんのうじ》のターミナルにあり、前身の近鉄阿倍野本店が２００９年から改装工事に入り、部分営業を続けながら２０１３年６月に百貨店のみオープン。展望台などを含むグランドオープンは２０１４年３月です。

「モノ・コト・ヒトとの出会いが暮らしを彩る『街のような場』」がコンセプト。

同ビルには、展望台をはじめ、ホテル、美術館、オフィス、劇場などがあります。

コト消費の取り組み

何といっても、日本一の高層ビルの展望台があることで①純粋体験型コト消費と③アトラクション施設型コト消費を満たします。その他、あべのハルカス美術館・ホテル・劇場なども③のコト消費として集客には貢献しているでしょう。

オープンした当初、同店は高さ日本一の商業ビルで日本一の売り場面積の百貨店に加え、「滞在時間日本一」を目指すとしました。市民活動団体が活動できる「街ステーション」や野菜づくりを体験できる百貨店初の会員制屋上貸し菜園「あべのハルカスファーム」などは、④の時間滞在型コト消費、⑤のコミュニティ型コト消費を目指したものです。

また外国人観光客が無料で飲料を楽しみながら免税手続きの順番待ちができる「海外お客さまサロン」を設け、ホテル宿泊客を百貨店にも誘導する施策を実施しています。

コトモノ指数　★★★☆☆　2・5

私はこの店から歩いて5分ほどの場所で生まれ育ったので、小さい頃は毎週のように近鉄百貨店に行っていました。

だからこそ、故郷に日本一高いビルが建つということで誇らしく、どんな施設ができるのか楽しみにしていました。しかし、展望台やホテルは好調なのに、近鉄百貨店は苦戦が続いているというニュースをよく聞き、密《ひそ》かに心を痛めていました。

実際、オープンしてから数年のうちに、何度もリニューアルを重ねているようです。危機感の表れでしょう。

ただ今回、見学した限りでは、その効果はあまり感じることができず、前述したような様々な「コト消費」がそれ単独で終わってしまっていて、きちんと「モノ」がうまくつながっていない印象を強く持ちました。

期待をしているだけにあえてキツイ言葉でいうと、すべてが中途半端で、とても「もったいない」感じです。

希望が持てそうなのは、外国人観光客のコトモノ消費です。

「海外お客さまサロン」と同じフロアにはドラッグストアが設けられています。百貨店内にドラッグストアは通常合いませんが、外国人観光客が化粧品や薬などを気軽に買える利便性を重視して設置したとか。これはコトをモノにつなげるいい施策ですね。

ドラッグストアの店頭にはハローキティの大きな人形を置いて記念写真をとりやすくし

ています。

ここからは提案ですが、近鉄百貨店はもっと何かに強く振り切ったほうがいいのではないでしょうか？　頑張ってオシャレにしようとしてもどこか垢抜《あかぬ》けない。それなら、もっとコテコテな大阪に徹するとか。

第二章で紹介する「星野リゾート　青森屋」が徹底的にわかりやすい「青森」をてんこ盛りにして訴えることで復活したように、観光客がこの土地の商業施設に求めているのはわかりやすい「大阪」である気がするのです。

追記・あべのハルカス近鉄本店　日経ＭＪ（２０１７年8月30日）に、「トレンドエクスプレス」という取り組みが紹介されていました。小規模ブランドを中心に１週間ごとに商品を入れ替え、店頭でデザイナー自らが商品の説明をするというコーナーで人気を博していて売り上げもいいようです。２階入り口近くになるので、デザイナーが店頭でお客さんと楽しそうに話している姿は活気につながっているともありました。見学した時は見逃していましたが、これはとてもいい「コトモノ消費」の例だと思います。

「枚方 T-SITE」（大阪）

施設概要

大阪と京都の中間にある京阪電車枚方市駅前にある複合商業施設。カルチュア・コンビニエンス・クラブ（以下CCC）が運営する「T-SITE」としては代官山・湘南に続く3店舗目にあたります。もともとこの土地には近鉄百貨店枚方店がありましたが2012年2月に閉店。その跡地に建てられ、2016年5月にオープンしました。

コンセプトは「生活提案型デパートメント」。オープンにあたって、CCCの増田宗昭社長は「見かけはデカくて広域型の百貨店みたいなイメージかもしれないが、提案するのは〝日常生活〟。半径2キロだけのお客さんを呼ぶ」と語っています。

地上8階、地下1階建て。蔦屋書店とレンタルのTSUTAYAを中心に、ファッション、雑貨などの物販から幅広い飲食をカバーしています。地下には生鮮食料品売り場まであります。

さらに銀行（三菱東京UFJ・りそな）が上層階の2フロアにわたって入っているのも特徴的です。それぞれ一般的な銀行の店頭イメージとは違って、ゆったりとしたラウンジ風の店舗になっています。

これは特にCCCが、プレミアエイジにむけて、資産活用のコンサルティング業務をすることも生活提案につながるという意図で誘致したといいます。

コト消費の取り組み

「代官山 蔦屋書店」から始まった「T-SITE」「蔦屋書店」に共通しているのはその圧倒的な居心地のよさです。④時間滞在型コト消費を提供していると言えます。

また知や情報の象徴である本を美しく展示し、カフェなどの飲食や他の商品に結びつけて販売するのが、「T-SITE」「蔦屋書店」の特徴です。⑥ライフスタイル型コト消費を提供しようとしているとも言えるでしょう。

ただ、全国の「T-SITE」「蔦屋書店」に行ってみて感じるのは、書籍と「カフェ以外の物販」とが必ずしもうまくつながっていないようにみえる店舗も多いということです。

実際、私は家からクルマで10分程度の場所にある「湘南 T-SITE」をとてもよく利用させていただいています。しかしながら、お世話になりとても居心地のいい場所ではあるのですが、実際にどれほど買い物をしているかというと、大変申し訳ない程度の消費しかしていません。買いたいという気持ちがなかなか湧き上がってこないのです。

一方、この「枚方T-SITE」は、「居心地のよさ」や「ライフスタイル提案」もきっちりありながら、それらの「コト」をきちんと「モノ消費」に結びつけようとしています。提案しようとしているライフスタイルの世界観が、物販や飲食のセレクトと非常にマッチしているのです。さらに「モノ」を売ろうという意志を感じました。

コトモノ指数　★★★★☆　4・5

オープン直後にも訪れましたが、今回改めて訪れて、地下の生鮮食料品売り場ができたことでさらにプラスに進化している印象を受けました。日曜日ということもあったでしょうが、とてもいい感じでにぎわっていました（どこもにぎわっていて商品も売れていそうだけど、うんざりするほど多くの人ではない）。

前述したように、ここは他の「T-SITE」「蔦屋書店」に比べ、ただ商品を並べましたではなく、売ろうとする意志を感じる店です。コトとモノをむすぶのもうまいです。

例えば地下の生鮮食料品売り場。イートインスペースがあるのですが、おしゃれなカフェのような雰囲気につくられています。スーパーなどで最近増えているイートインスペースですが、大抵は殺風景な作りです。それではせっかく買って食べても侘《わび》しく感じてしまいます。しかしこの店のような場所で食べたら、何割増しかでおいしく感じることができるでしょう。

何よりも素晴らしいと思ったのは「枚方」という土地を強くプッシュしているという点です。

訪れた時には、3階で「枚方を贈る」というお中元のフェアをやっており、特設会場も設けられていました。これはとても意義のある試みです。地元の方には大変失礼ですが、「枚方」は古くからある遊園地が有名なくらいで、特にブランドを感じる地名ではありません。ほとんどの枚方市民の方は、これまでお中元で「枚方の商品を贈る」という発想をしたことがなかったのではないでしょうか？

でも改めてそう提案されて、品物をみてみると結構いい商品がある。だったらどうせなら枚方のモノを贈ろうかな、という発想になっても不思議ではありません。他にも店内には「枚方」という言葉が色々な場所で発見できました。

枚方は1983年にTSUTAYA1号店が開業したCCC創業の地です（この施設ができるまではTSUTAYAで唯一本店と名付けられた店もありました）。人口40万の市ですが、商圏は分断されていて中心であるはずの京阪電車枚方市駅周辺も寂れる一方でした。

そんな状況下で、あえて駅前に施設をつくることで枚方市駅周辺を再生に結びつけるという思いもあったようです。

たしかにこの施設があることによって、枚方市のバリューは大きく向上するでしょう。

●単独のコトだけでは、モノにつながらない

レポートが続くのが退屈な方もいらっしゃると思うので、以下の施設に関する「施設概要」「コト消費の取り組み」「コトモノ指数」に関しては、巻末の付録に詳細を記述しました。

「LECT（広島）」（コトモノ指数）★★★★☆3・5
「エディオン蔦屋家電（広島）」（コトモノ指数）★★★☆☆3・0
「イオンモール幕張新都心（千葉）」（コトモノ指数）★★★☆☆3・0
「ららぽーと富士見（埼玉）」（コトモノ指数）★★★★☆4・0
「イオンモール岡山（岡山）」（コトモノ指数）★★★☆☆3・0
「ららぽーと湘南平塚（神奈川）」（コトモノ指数）★★★☆☆3・0

「アピタ新守山店（愛知）」（コトモノ指数）★★☆☆2・5
「イオンモール常滑（愛知）」（コトモノ指数）★★★☆4・0

先に本文の続きを読んでもらってもよし、付録から読んでもらってもよし。お好きな順序でお読みください。

流通業界で2017年「コト消費」最前線という形で非常に注目されている「LECT（広島）」「エディオン蔦屋家電（広島）」、元祖「コト消費型ショッピングモール」である「イオンモール幕張新都心（千葉）」なども含まれていますが、この中で私が一番印象に残ったのは「イオンモール常滑（愛知）」でした。

さて、色々な大型商業施設の「コト消費」と「モノ消費」のつながりについて考察し、「コトモノ指数」として評価させていただきました。

施設の関係者の皆様には、的外れと思うことや、「そんなこと重々知ってるよ」ということも多かったかもしれませんが、ぜひよりよい施設を作っていただければと思っております。

最も言いたかったのは、同じようにみえる「コト」でも、きちんと「モノ」につながっている「コト」もあれば、つながっていない「コト」もあるということです。

単独の「コト」だけでは、「モノ」につながらない。

それではとてももったいない。

きちんと「コトモノ消費」になっていれば、売る側だけでなく買う側も「幸せ」になれます。

それは大型商業施設だけではありません。小さな店舗でもメーカーでも同じです。

先日、各地で開催される朝市が多くの人でにぎわっているというテレビの特集を見ました。行列をしてまで商品をたくさん買っている人たちはとても嬉々《きき》とした表情です。

それはただ安いから、新鮮だからという理由だけではないと思います。

消費者にとって「買いたいモノがある」ことはとても幸せを感じることなのです。

多くの人が「特に欲しいモノがない」という時代だからこそ、「買いたい気持ちにさせてくれる店」は、とても貴重な存在だと言えるのです。

全国の地方自治体や商店街などでも、地域活性化の取り組みが色々と行われています。

けれども、その大半は一過性の「コト」で終わってしまっていて、継続した「モノ」の消費につながっていないのではないでしょうか？

それが、売り手側も買い手側も「幸せ」になれない原因だと思うのです。

では、どのようにすれば「コト」を「モノ」につなげることができるのか？

詳しくは次章でお伝えしますが、ここでは、2017年夏時点において、「コト」をうまく「モノ」につなげることで、とても繁盛している商店街と、せっかくの「コト」をうまく「モノ」につなげることができずに苦戦している商店街を紹介して、本章を終えようと思います。

どちらも大阪市内にある商店街の事例です。

●商店街全体をフードコートにして成功した「黒門市場」

大阪のミナミ・日本橋《にっぽんばし》駅近くに「黒門市場《くろもんいちば》」という商店街があります。

江戸《えど》時代からの起源をもつ由緒ある商店街で「ミナミの台所」と呼ばれ、特に近くの飲食店などプロが利用する市場として知られていました。

冬場は「ふぐ」を扱う鮮魚店が多いのも特徴です。お正月に自宅で「てっちり（ふぐちり）」を食べる風習がある大阪の人にとっては、黒門は年末に「ふぐ」などの海鮮品を買い出しにいく市場というイメージでした。

しかし数年前までは、年末以外はかなり寂れた状況になっていたといいます。そんな黒門市場が今、とんでもないことになっていると聞き、２０１７年夏、大阪出張の時に訪れてみました。

噂には聞いていましたが、商店街は異様なにぎわいをみせていました。私の記憶にあった風景とはまったく違っています。訪れたのは土曜日の午前中でしたが、かつてプロや地元民が買い出しに行く市場だった場所は、アジア系の外国人観光客たちでごった返す一大観光スポットに変貌《へんぼう》していました。多くの人たちが和牛串《くし》焼きなどを食べながらスマホで自撮りしていたり、家族連れで大きなスーツケースをひいたりしているので、歩くのも一苦労です。

彼らの一番の目的は「食べ歩き」です。とにかく買ったものはすぐその場で食べられるようになっています。多くの店舗が、店頭でほたて、カキ、海老《えび》、カニなどの海鮮品や和牛を焼いて提供していました。大きなウニも殻ごと置かれています。その場で殻をむいてスプーンですくって食べるのが流行《はや》っているようです。あと、大トロの寿司《すし》や刺身も大量に置かれています。青森の「のっけ丼」のように、いくつかの刺身を選んで海鮮丼にしてくれる店もありました。

店先にテーブルを出していたり、奥に大きなイートインスペースがある店も多くありました。メニューには中国語や英語が併記されています。夏場だったので、さすがに「ふぐ」を置いている店は少なかったのですが、冬場はてっちりセットを買うと、その場で鍋《なべ》にして食べることもできるそうです。

果物屋さんも大繁盛していました。日本の高級フルーツは外国人観光客にとても人気があるようです。こちらもその場でカットして食べられるようにしてくれます。

とにかく外国人観光客が「食べたがる」商品を知恵を出し合ってならべているという印象です。値段は海鮮も和牛も果物も、日本人の私には高いと感じてしまうものも多いのですが、外国人観光客は多少高くても平気で買っていきます。

一方でそうした外国人観光客向けの商売をせず、昔ながらの商売をしているような鮮魚店や、良心的な価格で売っている和菓子屋さんなども一定数ありました。

Ｗｉ－Ｆｉ完備の無料休憩所もあります。購入したものを座って食べるイートインスペースとしても利用でき、各国語でのガイドブックやトイレ、自販機なども完備しています。休憩所内に多くのガチャガチャが置いてあったことも印象的でした。ここで小銭を消費してもらうということでしょうか。この付近は、以前は客数の少なさが課題になっていたそうですが、この休憩所ができたことにより、お客さんの流れをつくることに成功したそうです。

黒門市場に外国人観光客が押し寄せるようになったのは、まだ数年前です。

もともと、寂れていく一方だった商店街に危機感を覚え、2010年頃から数店舗が周辺のホテルの情報誌などに情報を掲載するようになったのがきっかけでした。2013年、大阪市の補助金で、「黒門市場特集」のパンフレットを日・英・中・韓の四カ国語で作ったことで、一気に外国人観光客が増え始めました。

当初は「従来のお客さんに迷惑になる」という声も根強くありました。しかしせっかく観光客が来てくれているんだから、やるなら徹底してやろうと、「食べ歩き」をコンセプトに「黒門市場全体を巨大なフードコートにする」と商店街の組合で決めました。

そして各店舗がそれぞれのやり方で工夫することにより、SNSなどの口コミで評判が広がり、今のようなカオスでありながらにぎわいのある商店街になったのです。当初は、鮮魚店ばかりが売れて他の店は恩恵を受けないのではと思われていましたが、他の業種にもきちんと波及効果がありました。私が見学に行った時も、靴下の専門店やドラッグストアなども大勢の観光客でごったがえしていました。

また外国人観光客が増えたことでニュースになり、今まで来なかったような日本人の若者が訪れるようになったといいます。他県からの観光客はもとより、地元大阪においても格好のデートスポットになっているのです。

こうして黒門市場は10年前に比べると、飛躍的に繁盛している観光商店街に生まれ変わったのです。

もし、観光客が増えるという「コト」があったとしても、店主たちが工夫して「モノ」につなげていなかったらどうでしょう? ただ見学するだけに終わって、このような繁盛はなかったでしょう。

放っておけば見学(コト)だけに終わっていたのを、きちんとモノにつなげたことで、黒門市場の今の繁盛があるのです。

もちろん一方で、特に昔を知る地元民には、今の様子に強い違和感を抱いている方々も大勢いるとは思います。またこのようなバブル的な状況がいつまでも続くという保証もありません。

とはいえ、以前のような、寂れていく状態がよかったとは誰も言えないでしょう。

っかくの「コト」をうまく「モノ」につなげることができなかった商店街もあ

●ポスター総選挙というコトを生かしきれない「文の里商店街」

大阪市阿倍野区昭和《しょうわ》町にある文《ふみ》の里《さと》商店街は、昭和時代にはかなりにぎわっていた市場です。しかし平成に入り、日本全国の多くの市場と同じように寂れていき、シャッターを下ろしたままの店も増えていきました。

２０１３年、この商店街が突如として全国的に大きな注目を浴びました。この商店街の各店舗で制作された「広告ポスター」がおもしろいとネットで話題になったのです。

もともとは、商店街の活気を取り戻そうと、大阪商工会議所＆文の里商店街が、電通関西支社にＰＲポスター約２００点の制作を依頼したことが始まりでした。そして電通関西の若手デザイナーやコピーライターら60人が、店主らと交流を重ねながらボランティアでポスターを作ったのです。

これらのポスターは、２０１３年8月から12月まで、商店街で掲示され、総選挙と銘打って人気投票を行いました。投票総数は約６７００票。期間中の客足は倍増し、府外からも見物客が訪れるなど、関係者の予想を上回る集客効果を生み出したといいます。

さらにポスター総選挙が終わってからも、「文の里商店街のポスターがおもしろい」とネットで何度も話題になりました。また色々な広告賞を受賞しました。

この取り組みはイベントとしては大成功と言っていいかもしれません。実際、メディアでは商店街活性化の成功事例としてよく取り上げられていました。

私がこの取り組みをネットで知ったのは２０１４年春になってからです。

実はこの文の里商店街、私の実家から地下鉄で一駅、自転車で10分程度の場所にあり、幼い頃母親に買い物でよく連れていってもらった思い出の場所でした。

インターネットで記事を読み、懐かしさがよみがえりこれは見学に行かなくてはと、大阪出張の時に足を延ばしました。ポスター効果でどんな風ににぎわっているか楽しみに訪れたのです。

しかし現場に行った私は愕然《がくぜん》としました。

ポスター総選挙が終わって数カ月がたち、写真で見たようなにぎわいはまるでなかったのです。期待値が高かったことと、昭和のにぎわいを知っていたことで余計にそう思ったのかもしれません。それにしてもネットで話題になっていたポスターも見当たらない。よく探すと、店の上の方に貼ってある店もありましたが、すでにヨレヨレになっていました。ある店の店主に、「ポスター効果ありましたか？」と訊《たず》ねると「その時だけお客さんは来たけどモノはぜんぜん売れへんかった」とボヤいていました。

たしかにお客さんがポスターのおもしろさに惹《ひ》かれて来たとしても、店自体にそれに見合うようなおもしろさはありません。コトとモノがつながっていないのです。買いたい気持ちも当然湧き上がりません。もちろんその場で食べるようなスペースもないですし、買っても持ち運びに困ってしまいます。これでは「コトを売るバカ」状態で、ネットでポスターを知って見学に来た人も商品を買った人は少なかったに違いありません。

ポスターを作ったクリエイターたちは責められないでしょう。「とにかく話題になるものを作れ」というミッションにしたがってそれを全うしたわけですから。

本来であれば、黒門市場の店主が行ったように、それぞれの店主が工夫してポスターにつながるような売り方をすべきだったのです。しかし、高齢化が進む店舗にそれを求めるのは難しいかもしれません。「コトを売るバカ」にならないよう誰かが表現と店舗の商品とをつなぐことを考えなければならなかったのではないでしょうか？

もちろんミナミの繁華街のすぐ近くにある黒門市場と、繁華街からは遠く離れた住宅地にある文の里商店街を比べるのは酷だとは重々承知しています。

ただ、せっかく「コト」がおきても、「モノ」につながらないと、このようにとてももったいない状態になってしまうということを言いたいのです。

全国の地方自治体や商店街も肝に銘じておかなければならないポイントでしょう。

第二章では、「コト」と「モノ」のつなげ方の具体例を解説していきます。

追記・文の里商店街　2017年9月、私は、再度、文の里商店街を訪れました。ポスターは多くの店で、店頭上にきちんとぶら下げて掲示されていました。電灯が新しくなったのか、全体的に3年前より明るくなっている印象です。おそらく、ポスターをきっかけに少しでもにぎわいを取り戻そうと頑張っておられるのだと思います。成果がでることを祈っています。

第二章

なぜ「宙ガール」は、夜空を見上げるようになったのか？

コトとモノを結びつけるには

●光学機器メーカーから「星をみせる会社」に

最近、夜空を眺めたことがありますか？
都心に住んでいるとネオンに邪魔され、なかなか観る機会はないかもしれません。
最近、女性を中心に夜空を見上げる人が増えているのをご存じですか？
そんな女性達のことを「宙《そら》ガール」と呼びます。
これは、株式会社ビクセンの登録商標です。

ビクセンは、埼玉県所沢《ところざわ》市に本社を置く、天体望遠鏡・双眼鏡・顕微鏡などの光学機器メーカーです。
１９４９年に現社主の個人企業として創業し、当初は光学機器の卸販売業者でしたが、１９６６年から天体望遠鏡の製造を開始しました。１９７０年に現行の「株式会社ビクセン」に社名変更し、光学機器専門メーカーとして発展していきます。現在では、国内における天体望遠鏡のシェアは約60％と、圧倒的首位を誇っています。世界市場においてもミード、セレストロンに次ぐ3位で約20％のシェアを誇る世界的企業です。

ちなみに「ビクセン」とは、クリスマスの前夜にサンタクロースのソリを引く9頭のトナカイのうちの1頭につけられた名前が由来だといいます。

高い技術力で「モノづくり企業」として業界では評価を得ていたビクセンですが、数年前までは市場の先行きに強い危機感を持っていました。１９８６年のハレー彗星《すいせい》接近以降、一般人の宇宙への興味が薄れ、市場自体が縮小傾向にあったからです。先行きを見据え、大手光学メーカーもアマチュア天体望遠鏡の市場から相次いで撤退していました。

そんな中、ビクセンの経営をまかされたのが、現社長の新妻和重《にいつまかずしげ》氏です。大学卒業後15年以上会計事務所で働いていましたが、父親が社長だったことが縁で、後継者として２００７年に入社することになり、翌年、代表取締役社長に就任しました。

他業界からやってきた新妻氏が驚いたのは、業界の閉鎖性です。天体望遠鏡を買うのはほとんどがマニアックな天文ファンで高齢の男性ばかり。何とか新しい市場を作りたいと思いました。

そこでまずやったのが「製品を作るだけの会社」からの脱却でした。

今までビクセンは、光学機器メーカーとして「モノづくり」に専念してきました。しかし新妻氏はそれだけでは未来がなく経営が早晩行き詰まることを感じました。

昔ながらの天文マニアは製品の細かなスペックを重要視しますが、それが「使い方が難しそう」というイメージを高めていました。

そのような閉鎖的なイメージを覆すには、今までまったく天体に興味がなかった層にむけて、星空を楽しんでもらうきっかけになる〝コトづくり〟が重要になってくると考えたのです。

そして会社のビジョンを「星をみせる会社になる」と定めました。

そうすることで、「どうすれば多くの方が星空を楽しみたくなるか」ということを優先して考えるようになるからです。

今までの「モノづくり専門のメーカー」から、「コトづくり」にも事業領域を広げる宣言だと言えます。

●昼はライブを、夜は星を見てみませんか？

〝コトづくり〟を始めるにあたって、狙いを定めたのは若い女性でした。天体には興味がないかもしれないけども、星空には絶対に興味を示すはずと考えたのです。

そこで目をつけたのが、自社で作っていた双眼鏡で星を見てもらうという体験でした。双眼鏡は、一般的にはバードウォッチングなどの自然観察や観劇・コンサート・スポーツ観戦などに使われるというイメージですが、実は天体観測も楽しめます。月のクレーターなども観ることができ、肉眼で見るのとはまったく違う夜空を見ることができるのです。専門家も星の位置をまず双眼鏡で確かめてから、天体望遠鏡を覗《のぞ》くといいます。

双眼鏡なら利用してもらうハードルはかなり下がります。

最初にやったコトづくりは、野外ライブに出店して、若い女性たちに双眼鏡で星空を見る体験をしてもらうことでした。

誘い文句は「昼はライブを　夜は星を見てみませんか？」というもの。

実際、ライブの後に、双眼鏡で夜空を見た若い女性たちの反応は「双眼鏡でこんなキレイに星が見えるなんて思わなかった」ときわめてよいものだったようです。

そこで女性用に特化した双眼鏡を開発することにしました。持ちやすいコンパクトボディでカラフルな5色を揃えた「宙ガールシリーズ」の双眼鏡です。

星空ファイバークロス、使いこなしハンドブック、オリジナルＭＯＯＮ　ＭＡＰなど、星空を身近にする付録がつき、さらに、収納ポーチ、ストラップなどがついて８０００円弱という手頃な値段設定にしました。

この「宙ガールシリーズ」の双眼鏡は、業界の常識を覆すほどの驚異的な売上を記録し大ヒット商品になっています。

●星を見るという感動体験（コト）をモノにつなげる

まず双眼鏡で星を観察してもらうという手法は、若い女性だけでなく、子供たちやアウトドアを楽しむ家族連れにも好評でした。

しかしビクセンは、ただ商品を作って売れるのを待っていたのではありません。

天体望遠鏡や双眼鏡で実際の星を見る「星空観望会」や、望遠鏡をつくるワークショップや、星と食事や音楽を一緒に楽しむ「スターパーティ」など、色々な形の星にまつわる体験イベントを、企業や自治体とコラボレーションしながら現在は年間約２００回行っています。ビクセンは「星を見る体験」をしてもらうことに力を注いだのです。

「星空を見る」という感動体験（コト）をまずしてもらうと、営業トークをしなくても相手が自然とモノを欲しくなります。「宙ガールシリーズ」の双眼鏡のようにカジュアルなものであればなおさらでしょう。そしてさらに星への興味が深まると、本格的な天体望遠鏡も欲しくなっていきます。

イベントの中でも大きく発展したものに、ビクセンが特別協賛をしている「宙フェス」があります。

「上を向いて遊ぼう！」を合言葉に、ファッション・サイエンス・アウトドアなど様々な星空の楽しみ方を一堂に集めた「サイエンス」と「カルチャー」の融合イベントです。

星空や宇宙にゆかりのある出演者を招いた「宙トーク」、星空と宇宙をテーマにしたオープンカフェ、夜はお月見船「嵐響夜舟」が会場をつなぐなど、さまざまな催しが実施されます。

２０１４年から始まり、２０１５年からは京都の嵯峨嵐山《さがあらしやま》地域の協力を得て、４０００人以上を集客する一大イベントになりました。

このように光学機器メーカーから「星をみせる会社」に変貌《へんぼう》をとげたビクセンには、色々な会社・自治体・団体からコラボの要請がひっきりなしにやってきます。

縮小傾向しかないと思われていた市場は、たった数年で宝の山が広がっている状態に変化したのです。

●「モノを売るバカ」「コトを売るバカ」にならない仕組み

ここでビクセンの「コト」と「モノ」をつなげる仕組みについて、おさらいをしておきましょう。

ビクセンは創業以来、光学機器メーカーとして「モノづくり」を専門にしてきました。いいモノを作れば売れると考えていたはずです。

それが時代の流れで厳しくなってきます。

モノを売ろうとすればするほどなかなか売れない。

いわば「モノを売るバカ」状態です。

その頃も、天体望遠鏡で星を見るという体験イベントを行っていたでしょう。

でも「モノの売上にはつながらなかった」はずです。いくら星を見て感動しても、いきなり何万円もするような天体望遠鏡を買おうと思う人は決して多くはないからです。

イベントという「コト」を実施しても、人が集まるだけで「モノ」が売れない。

いわば「コトを売るバカ」状態です。

それを「宙ガールシリーズ」の双眼鏡というカジュアルな商品を作って、コトとモノを結びつける「仕組み」を作ったことが重要なポイントなのです。

その商品があることで、「コト」と「モノ」を結びつけることに成功しました。

いわば「『モノを売るバカ』『コトを売るバカ』にならない仕組み」を作ったと言えます。

そういう仕組みがあると、「コト」を起こせば起こすほど「モノ」につながっていくという好循環が生まれて行くのです。

「コトモノ消費」の一例です。

●教室での音楽体験と楽器をむすぶ

このように商品を体験してもらうコトで、結果的に商品（モノ）の販売につなげるという「コトモノ消費」の考え方を古くから導入している会社があります。

それが、総合楽器メーカーの「ヤマハ」です。

ヤマハの社名は、創業者の山葉《やまは》寅楠《とらくす》に由来します。江戸時代末期の１８５１年、紀州徳《きしゅうとく》川《がわ》藩・天文方の三男として生まれた山葉は、明治維新を期に職人の道を歩み始めます。浜《はま》松《まつ》の病院で医療機器の修理に従事していた36歳の頃、近くの浜松尋常小学校（のちの浜松市立元城《もとしろ》小学校）から、アメリカ製のリードオルガンの修理を頼まれたことをきっかけに、国産オルガンの製造を目指します。そして、１８９７年、日本楽器製造株式会社（１９８

7年にヤマハ株式会社と社名変更）を設立したのです。

そんなヤマハの中興の祖と呼ばれているのが、４代目社長の川上源一《かわかみげんいち》でした。本業の楽器以外にも、オートバイ、スポーツ用品、レクリエーションなど各種事業を創業しました。

そんな川上が起こした事業の一つが「ヤマハ音楽教室」です。

１９５３年、欧米視察に出かけた川上は、ある家庭でギターやピアノで歓待してもらったことに衝撃を受けます。音楽が家庭に浸透しみんなが気軽に楽しんでいる姿に驚いたのです。当時の多くの日本人にとって、音楽はプロの演奏を鑑賞するもので、自ら楽器を楽しむことはほとんどありませんでした。

帰国した川上は、「日本もみんながもっと手軽に楽器を演奏できる世の中にしたい」との思いのもと、楽しみながら学べる音楽教室をつくることを決意します。

54年、ヤマハは銀座の東京支店の地下で「実験教室」をスタートします。

それまでの音楽教室が、専門家を育成することを主眼に置いていたことに対して、純粋に音楽を楽しむことのできる人を育てるための教育システムを目指したことが大きな特徴でした。

実験教室は、生徒数１５０名からはじまりましたが、56年に「ヤマハオルガン教室」、

59年に「ヤマハ音楽教室」へと名称を改めつつ、急速に拡大していきます。63年には、何と生徒数約20万人、会場数4900、講師数2400名を数える一大組織へと成長を遂げました。

開始から60年以上たった現在は、国内3700会場に約43万人の生徒が在籍し、その生徒たちを1万3000人の講師が教えています。また海外においても、64年、アメリカに最初の教室が開設されて以来、現在では世界40以上の国と地域に拡大し、全世界で約60万人がヤマハで音楽を学んでいるといいます。

「教育事業は公益性を担保すべきだ」との川上社長の考えから、66年からはヤマハ音楽振興会という、会社とは別組織になっています。

ただこの取り組みが、日本に楽器の普及をもたらした効果は計り知れないでしょう。音楽教室単独の事業も大成功していますが、この場がヤマハの商品の認知や販売促進に大きくつながっていることは言うまでもないでしょう。

ヤマハも、それまでは「モノづくり」を専門にしてきました。

ただ専門家だけが使うモノでは広がりがもてません。

純粋に音楽を楽しむことのできる人を育てる音楽教室を開き普及させていくことで、日本に「楽器を楽しむ文化」を広げていったのです。

楽器を気軽に楽しむ人が増えると、当たり前ですが楽器の売上につながっていきます。

こちらも「コト」を起こせば起こすほど「モノ」につながっていくという好循環が生まれて行くのです。

●「商品の説明なんか誰も聞いてくれない」は本当か?

「星を見る体験(コト)」と「双眼鏡や天体望遠鏡(モノ)」をつないだビクセン。

「楽器を演奏する体験(コト)」と「楽器(モノ)」をつないだヤマハ。

これらの事例を読んでどのような感想を抱いたでしょうか?

「商品が双眼鏡・天体望遠鏡や楽器だからコトとモノを結びつけるのは簡単。でもうちの会社の商品はそんな簡単じゃない」

などと思った方、結構いらっしゃるのではないでしょうか?

たしかにそうかもしれません。

では皆さんの会社の商品で考えてみましょう。

一度試してもらったり、試食試飲してもらったりすると、価値をわかってもらえる自信のある商品であれば、まず体験してもらうことが大切です。

そうでない多くの商品の場合、どうすればいいでしょうか？


それは「もっときちんと商品の説明をすること」です。


「え？　そんな単純なこと？」

とあなたは思ったかもしれません。

当たり前すぎて拍子抜けすることかもしれません。

「モノが売れない、だからコトに頼るしかないのに、どういうこと？」

と感じていることでしょう。

説明なんか聞いてくれないから苦労するんだよ」

う声も聞こえてきそうです。

本当にそうでしょうか？

私が最近、体験した二つの例を紹介させてください。

●「買いたい」を生むのはどちらか

一つ目の例は、先日出張先の大阪で家電量販店に立ち寄った時の経験です。入り口あたりのスペースで黒山のひとだかりがありました。なんだろうと見ると、「ソニープロカメラマンセミナー」という店頭のイベントが開催されていました。

プロカメラマンの方が「ソニーのαシリーズ」のカメラで女性のポートレートをどう撮るかを解説しています。カメラマンの方が特に有名とかではなさそうです。しかし用意された椅子席は満員で、大勢の立ち見客がいる大盛況でした。

「ソニーαシリーズ」という商品に絞ったイベントであったことが印象的でした。

家電量販店のカメラ売り場で、カメラ教室というイベント（コト）を起こすのは誰もが考えることです。でもそれだと、イベントは成功しても商品は売れないという「コトを売るバカ」状態になってしまうことが少なくありません。しかしこのイベントの場合、特定の商品に絞って詳しく解説することで、モノの売れ行きにもつながりそうです。

二つ目の例は、お台場《だいば》の東京ビッグサイトで開催されたある展示会でのことです。私はその展示会で講演者として呼んでいただいたのですが、空き時間にいろいろなブースを見学に行きました。それぞれのブースではいろいろなイベントが実施されていましたが、象徴的な二つのブースのケースを紹介します。

Aブースでは、テレビでよく見かける文化人が自分の専門分野を語るセミナーを実施していました。著名人ということでお客さんも大勢集まっていましたが、直接そのブースの会社が販売している商品とはまったく関係のない話でした。セミナーが終わると、多くの人はそのブースには立ち寄らず散り散りになっていきます。

Bブースでは、その会社が開発した電子ホワイトボードという商品を実演販売士の方が、解説していました。Aブースよりも集まっている人は少ないですが、その解説を聞くと確かになかなかいい商品で、私自身、使い道はないけど欲しいなと思ってしまったくらいです。同じように感じた人が多かったとみえて、解説が終わるとみんな一斉にそのパンフレットをもらいにいっていました。

さて、どちらのブースのイベントが成功したと言えるでしょうか？

●安全地帯にいるお客さんはもっと商品説明を聞きたがっている

一般的にお客さんは商品説明なんか聞きたくないと考えがちです。けれどもこの二例で感じたのは、意外とお客さんは、きちんとした商品説明を聞きたがっているのではないかということです。

たしかに、商品を見ているだけなのに、店員が寄ってきて「商品の解説をし始める」「商品をオススメされる」のはイヤだと感じる人が多いでしょう。また営業マンに一対一で売り込まれるのが好きだという話も聞きません。

しかし、自分が安全地帯にいて、無理やり買わされる危険性がない場合は、商品説明を聞きたい人が実は多いのではないか、ということです。

この「お客さんが安全地帯にいる」というのは重要なポイントです。

これを「**安全地帯にいるお客さんはもっと商品説明を聞きたがっている仮説**」と呼ぶことにします。

もちろん、この仮説には大前提があって「説明をするに値するクオリティを持った商品」であることが必須《ひっす》です。

この仮説を裏付けるものに、テレビショッピングがあります。

一般的にテレビショッピングでは、詳しく何度も商品説明が繰り返されます。自分に関心がある商品であれば、その説明を聞いているのは決して苦痛ではなく、聞いているうちに徐々に欲しい気持ちが高まる場合も多いです。

店頭でもしかり。東急ハンズなどでは、商品をしっかり説明する実演販売士も驚異的にモノを売ります。

このようなケースでは、商品説明自体が「コト」になっていて、それが直接「モノ」へつながっているのです。

お客さんが安全地帯にいて、商品説明自体がエンターテインメントなコトになっている場合、「安全地帯にいるお客さんはもっと商品説明を聞きたがっている仮説」は、かなり的を射たものになっているのではないでしょうか？

にもかかわらず、小売店やメーカーはこのように「コト」と「モノ」を結びつけることを今まであまりしてこなかったように思います。

例えば、商店街にある物販の店舗などは、この仮説を元に、もっと自分の店のあり方を考えてみてはどうでしょう？　そのような店舗は、少し興味があったとしても店内に入るのにものすごく勇気がいります。それは店に入ったとたん、「何か買わないといけない」というプレッシャーを感じ、お客さんにとって安全地帯でなくなるからです。

だとしたら、店に入っても危険でないことをきちんと知らせ、同時に商品説明を聞いてもらえるような仕組みを作る必要があるでしょう。

●書店で仮説を実証する方法

「安全地帯にいるお客さんはもっと商品説明を聞きたがっている仮説」を、実店舗でどのように応用していけばいいか。

わかりやすいように書店を例に考えてみましょう。

一般的に書店は、商品である本を陳列して販売します。

アパレルショップのように、商品を見ていたら店員が近づいてきて「何かお探しですか？」などと問いかけてくる店はまずありません。

スーパーのように試食や「安いよ安いよ」などという呼び込みもまずありません。

もちろん書店員も、問い合わせがあれば答えるでしょうし、ＰＯＰでオススメや中身を語りかけることはあります。ただ基本は「中身が気に入るかどうかは、ゆっくり店内を見てもらって自ら本を手に取って確かめてください」というスタンスです。

イベントがあるとしても、ほとんどが著者によるサイン会やトークイベントです。

本当に書店にはこのような販売方法しかないのでしょうか？

「安全地帯にいるお客さんはもっと商品説明を聞きたがっている仮説」が正しいとすれば、

例えば以下のような売り方をしてはどうでしょう？

書店の中に実演販売所的なブースを設ける。

書店員が毎日日替わりで、自分の今週のオススメ本を、どこがおもしろいか、なぜ今読むべきなのかなどを熱をこめて語る。

東急ハンズなどで見かける実演販売の書店版だと考えてみてください。

いかがでしょう？

シンプルな方法ですが、かなり効果があるのではないかと考えます。

なぜなら、書店に来ているお客さんは漠然と「何かおもしろい本はないかな」と思って来ている人も少なくないからです。

しかし、実際は自分が欲しいと思うまでおもしろいと思う本を探せる人はそう多くはありません。だからといって書店員に「オススメは何？」なんて聞ける人は滅多にいません。一般的に書店はそんな空気でもないですし、聞いてオススメされたら買わざるを得なくなるからです。

押し売りされたり必ず買わなければいけなかったりする状況に陥るのでなければ、書店員の本当のオススメを生の声で聞きたいと思っているお客さんは想像以上に大勢いると思うのです。だから実演販売的に書店員がオススメしてくれたら、それを楽しみにするお客さんもたくさんいるはず。一度にオススメする本は1冊でも3冊でもベスト10でもかまいません。

もちろん、最初はなかなか盛り上がらないかもしれません。

従業員の抵抗もあるでしょう。

しかし継続すると必ず成果が生まれます。

徐々に楽しみにするお客さんも増えていきます。

最初はきっと嫌がるだろう書店員も、お客さんからの反応があるときっとノリノリになってくるでしょう。「カリスマ実演販売書店員」が生まれていくかもしれません。

もし1人で語るのが緊張するのであれば、書店員同士で対談形式でオススメ本を語るような試みにしてもいい。店内放送で始めるという手もあります。

もっと徹底的にやるなら、通販番組を作るつもりで深夜に「朝まで本を紹介しますナイト」などの動画を配信してもいい。紹介した本をセットにして何かの付加価値をつければ、送料をプラスした値段でも売れるかもしれません。

もちろん、書店でなくても、人がある程度集まってくる小売店であれば、応用できます。「コト消費」という言葉に踊らされて、直接商品と関係のないイベントを実施するよりも、商品のよさをきっちりアピールするほうが効果が高い場合もあるのです。

●徹底的に青森にこだわるという「コト」

「のれそれ青森」ってどういう意味だと思いますか？

〝のれそれ〟は、津軽《つがる》弁で「めいっぱい、全力を出し切って」という意味。つまり「のれそれ青森」とは、〝徹底的に青森にこだわる〟という意味になります。

この「のれそれ青森」をキーワードに、どん底から復活したホテルがあります。

それが、青森県三沢《みさわ》市にある「星野リゾート　青森屋」です。

私は、数年前に出張で一度宿泊したことがありますが、他の温泉旅館とはまったく違う独自のスタイルの接客で感心しました。いわゆる小規模な高級旅館の洗練された接客とはまた違いますが、とても印象に残るものでした。機会があればまた宿泊したいと思います。

そしてここにも、「コト消費」を「モノ消費」につなげるヒントがありました。

このホテルの前身は、古牧《こまき》グランドホテルです。東京ドーム約17個分に相当する広大な敷地に四つの建物を有し、80年代、旅行新聞社の「一度は行ってみたい観光地」に10年連続で選ばれるほどの超大型人気温泉旅館でした。

ところが、拡大戦略が裏目に出始めた頃、バブルが崩壊。客足がパタリと途絶えました。そこで、苦肉の策として打ち出したのが、一泊3500円の激安プラン。安さにつられてきたお客さんが来てもリピーターにはなってくれず赤字は続き、2004年、とうとう20億円の負債を抱えて倒産したのです。

翌年、債権者であるゴールドマンサックスからこのホテルの再生事業を委託されたのが、全国でさまざまなリゾート地の立て直しを行ってきた星野リゾートでした。しかしこの巨大な施設を立て直すのは一筋縄ではいきませんでした。

まず再建に向けての「旗印」になるコンセプトを定める必要がありました。激安プランをやめたことで稼働率は下がり続けどん底状態。しかしそんな中でも、星野リゾートから派遣された当時の総支配人佐藤大介《さとうだいすけ》さんは、従業員たちから新たな「旗印」が生まれてくるのを待ちました。

色々な試行錯誤を続けたのち、従業員たちが発見したのは「結局、このホテルの魅力は設備や料金ではなく、青森の魅力なんだ」というシンプルな事実でした。

そしてその思いを1行の言葉にしたのが「のれそれ青森」です。

厳密にいうと、このホテルがある三沢市は南部《なんぶ》地方に属しているので、津軽弁は使いません。しかしお客さん目線でいうと、そんな細かなことよりも一般的にイメージする青森を徹底的に体感したいのが本音です。

「青森」と言えば、みんなが一番イメージしやすい津軽弁をあえて使うことで〝徹底的に青森にこだわろう〟という強い意志が込められています。従業員の9割が青森県民という旅館ならではの1行です。

この言葉が、フロント、営業、食堂といったスタッフ全員に共有され、社員一丸となって新しく生まれ変わろうという意識が芽生えたとき、古牧温泉グランドホテルは、青森屋へと変貌を遂げることになりました。

「のれそれ青森」は、まず食堂から始まって、やがて全館の全従業員に徹底されることになります。

そして青森屋は奇跡の再生を果たすことになるのです。

●「のれそれ」で生まれた「熱」が、「コトモノ消費」を生み出す

現在の青森屋は、「のれそれ青森」をキーワードに、改装に改装を重ねて生み出された他にはない温泉旅館です。

木のぬくもりを感じる古民家風のロビーから始まり、昔ながらの南部農家の衣装をまとったスタッフも津軽弁、南部弁、下北《しもきた》弁などで対応します。「あずまし」「いくてら」「えんつこ」「おぐらみ」など客室のタイプも青森の方言が使われています。

客室ごとにテーマや使われているモノが違いますが、「のれそれ青森」なのは共通。例えば、宿泊した客室には、国産のブナの木からつくられた青森発祥のブランド「ブナコ照明」のライトがあり、調度品も、南部裂織のタペストリー、八幡馬《やわたうま》の置物、八戸《はちのへ》焼の急須などの青森の伝統民芸品がそろえられていました。ソファは〝心がとろけるよう安らぐ椅子〟をコンセプトにデザインされた青森屋オリジナルソファ「やっこ椅子」。青森県南部

特産の栗の木を使用した背もたれや肘掛《ひじか》け、南部鉄器塗装をほどこした脚など素朴な質感です。

「のれそれ青森」はハード面だけではありません。

いちばん青森らしさを感じるのは、地下にある青森を体感できるイベント会場「じゃわめぐ広場」です。

〝じゃわめぐ〟とは、血が騒ぐという意味の津軽弁。つまり、お客さんの血が騒ぐほど、青森を体感してもらおうという広場の意味。

じゃわめぐ広場では毎晩無料の「じゃわめぐショー」が開催されています。青森ねぶた囃子《ばやし》、南部民謡、津軽三味線、スコップ三味線など色々な出し物があり、まさにお祭りのようににぎわっています。

一般的に温泉旅館は、夕食を取ってお風呂《ふろ》に入ったら、団体客以外は基本的に部屋で過ごすのが普通でしょう。しかし青森屋では多くの人が、じゃわめぐ広場にやってきます。

横には売店もありますし、青森の地酒などが楽しめる「ヨッテマレ酒場」もあります。ほたて釣りやりんごガチャガチャなど、子供が喜びそうな屋台風の店もいろいろ設置されています。

心がじゃわめいたお客さんたちは、自然と「モノを買ったり」「飲食したり」しています。

青森屋は徹底的に「のれそれ青森」するコトで「熱」を生み出し、コトで生まれた「熱」が、「モノ」の消費を生み出していました。イベントという「コト」と、「モノ消費」が結びつく「コトモノ消費」になっているのです。

それはただ、その場で売上があがるという意味だけで言っているのではありません。「コトモノ消費」をすると、買った側は「楽しかった」という記憶が残り、またそれを味わいたくなります。リピーターになるのです。

このような流れを「**のれそれで熱を生み出すとコトモノ消費につながる仮説**」と命名することにします。

ただ一つ注意があります。

熱を生み出すイベントと「モノ」をきちんとつないでおく必要があるということです。

以前、他の青森の温泉旅館に泊まった時も、ロビーで津軽三味線のショーが行われているのを見たことがあります。しかし、それはイベントは盛り上がっても、終わるとお客さんは散り散りになってしまうだけで、消費に結びついているようには見えませんでした。

実際、私自身、その旅館の名前も記憶していません。きちんと「モノ」の消費につながっていない「コト」は、人はあまり記憶に残らないようです。

それでは旅館側にとってもお客さん側にとってももったいないと思います。

青森屋は、２０１７年1～2月の日曜日、青森県の第三セクターである青い森鉄道（青森市）の協力を得て観光列車「酒のあで雪見電車」を運行しました。青森屋のある三沢駅から青森駅までを、祭り囃子の生演奏を聞き、雪景色を見ながら、地酒や青森特産の珍味を味わえるという趣向です。豪雪地帯の青森屋は冬の集客が課題でしたが、宿からの帰りも「のれそれ青森」を体験してもらう試みです。

●書店に併設のカフェで「のれそれ」を実践すると

「のれそれで熱を生み出すとコトモノ消費につながる仮説」を、他の業種でどのように応用していけばいいか。

わかりやすいようにここでは、書店に併設されるカフェを例に考えてみましょう。

最近、カフェを併設する書店も増えてきました。そのこと自体は、利用者にとってはありがたいことです。しかしカフェは繁盛していても、それが必ずしも書籍などのモノの売上アップにはつながっていないように感じる店が多いです。

例えば、東京・新宿駅近くのデパート上層階に入っている書店があります。ここにも割と広いカフェが併設されています。このカフェは、よく書店に併設されているスターバックスやタリーズではなく、オリジナルのカフェです。実は私も、電車の待ち時間によく利用させていただいています。メニューが豊富で、試してみたくなるユニークなドリンクなども多く、非常に居心地のいいカフェです。多くの人も同じように感じているらしく、カフェだけはいつも混み合っています。

ただ、いつ行っても残念に思うのが、書店に併設されていて、本の持ち込み可能にもかかわらず、本を読んでいる人がほとんどいないということです。カフェはにぎわって繁盛していますが、それが書籍や雑貨の売上につながっているようには感じません。書店とカフェの間をつなぐストーリーが感じられないのです。これではなんとももったいない。

もちろんこの店だけではありません。全国の書店に併設されているカフェで、チェーン店でなく個性的でいいなと思う店はたくさんあります。代官山、神楽坂《かぐらざか》、丸の内《まるのうち》、町田《まちだ》、立川《たちかわ》、心斎橋《しんさいばし》、福山《ふくやま》、松山《まつやま》などにある書店に併設されているカフェは、近くに行った時には寄らせていただいています。私のような本好きには、書籍が持ち込めるのもうれしい。

ただ、その場所がもっと本や雑貨などとつながりを持つ「熱」を生み出す場所になればいいのにと思うのです。

では具体的にどのようにすれば「熱」が生まれるでしょう。

それは何かに「のれそれ」することです。

「のれそれ」するものは、実はなんだってかまいません。

例えば「哲学」をテーマに徹底的にのれそれする「哲学カフェ」などはどうでしょう？

カフェ内には「哲学をテーマ」にそこから派生するような本を置き、哲学者の肖像をかかげ、名言などを壁などに張り出すのです。例えば、以下のような。

「生きるために食べよ、食べるために生きるな」ソクラテス
「始めることとは全体の半分である」プラトン
「幸福だから笑うのではない、笑うから幸福なのだ」アラン
「人間は努力する限り迷うものだ」ゲーテ
「富は海の水に似ている。飲めば飲むほど、のどが渇く」ショーペンハウエル
「人生を危険にさらせ！」ニーチェ

メニューも、例えば、コーヒーのブレンド名を「イデア」「アガペー」「エロス」などにしたり、軽食にもたとえば「アウフヘーベン・サンド」「カオス丼」「ニヒリズムセット」などの名前を取りいれたりするのです。

もちろん、「生きるとは」「愛するとは」などをテーマに定期的にトークセッションなどをしてもいいですね。

こうやって、徹底的に「のれそれ」していくと、店に熱が生まれます。そうすると、人はモノを買いたくなるのです。もちろん、本や飲食を買ってもらうことは重要ですが、それだけで終わらすともったいない。そこで哲学をテーマにした、オリジナルのブックカバー、マグカップ、しおり、Tシャツなどのグッズを作ってどんどん売っていくのです。それは単に店側の儲《もう》けの為だけでなく、お客さんの満足にもつながります。

こういう取り組みこそが「コトモノ消費」なのです。

もちろん、テーマを何か一つに固定しなくてもいいです。例えば、3カ月ごとに、1人の作家に徹底的に「のれそれ」するのはどうでしょう?

その作家のすべての本は置くのはもちろん、名言、名セリフなどを書いた紙を壁などに貼り付ける。メニューもすべてその作家の作品にちなんだものにする。オリジナルグッズを作っていく。

権利関係の問題などは、出版社を通して作家に許可をもらえばクリアできるでしょうし、おそらく大半の作家は大喜びするでしょう。そういう取り組みを実施していくことは、書店出版業界全体を活性化させることにもつながります。

もちろん言うまでもありませんが、この「のれそれで熱を生み出すとコトモノ消費につながる仮説」は、別に書店併設カフェでなくても、多くの業種で応用ができます。ぜひご自身の業種で考えてみてください。

●「人が農作業する姿」を売るれんこん農家

茨城県、霞ケ浦《かすみがうら》の南に位置する稲敷《いなしき》市浮島《うきしま》地区。

かつては、霞ヶ浦に浮かぶ島だったというこのあたりは、日本一のれんこんの産地です。見渡す限り、れんこん畑が広がっています。

そんな浮島で今、一軒のれんこん農家が注目されています。

それが「株式会社れんこん三兄弟」です。

実際に三兄弟である宮本貴夫《みやもとたかお》さん、昌治《まさはる》さん、昭良《あきら》さんが起業した会社です。もともとれんこん農家の息子として生まれた３人ですが、農業は継がずに中学校教師、料理人、工場勤務と別々の職業についていました。ある時、兄弟会議を開き「三兄弟一緒に農業に飛び込み力を合わせて補いあえば何とかやれるのでは」と継ぐことを決断。三兄弟そろって、両親の元で研修し、両親は稲作中心に、三兄弟はれんこん栽培に専念し、経理もそれぞれ分ける形で２０１０年に法人化したのです。

法人化することで、実家が農家でない若者の新規就農の受け皿になろうという思いもありました。実際に、数名の農業未経験だった社員を雇っています。

市場出荷や直売所に加え、都内を中心としたレストランなどの飲食店との直取引を行っています。和食だけでなく、イタリアン、フレンチと色々なジャンルの店で取り扱いがあるのが特徴です。遠く、三重や京都のレストランとも取引があります。

人気の秘密は、れんこんの品質や味がいいのはもちろんですが、それだけではありません。それは、「れんこん三兄弟」のサイトを見ればわかります。

三兄弟や社員たちが農作業している写真や動画が数多く掲載されているのです。しかもそのクオリティが高いのが特徴です。

れんこんの栽培や収穫はかなり過酷な作業です。ほとんど機械化されておらず、寒空の下、腰より上まで沼の泥水につかり、手さぐりで水底の泥のなかに沈んでいるれんこんを収穫しなければなりません。

ただ逆にいうと、写真や動画にするには、これほど絵になる農作業はありません。そんな写真や動画を見ると、「れんこんって収穫するのがこんなに大変なんだ」と思うわけです。そして、どうせなら「れんこん三兄弟」から買おうと思う人が多いのではないでしょうか？

極言すると、れんこん三兄弟は「れんこんを売っているのではなく、れんこんを作っている人や農作業の様子を売っている」のです。

●「ひまわり人」を売る山梨のスーパー

２０１６年夏、ツイッターに「こんなにパワーワードが溢《あふ》れるスーパーに旅先で出会うとは思わなかった……」というコメントとともに、投稿されたあるスーパーマーケットのPOPが2万回以上リツイートされ話題になりました。その後、「買い物が超楽しい！POPが凄《すご》い山梨のスーパーに注目が集まってる。」というまとめサイトまで登場します。

このスーパーは、山梨県北杜《ほくと》市にある「ひまわり市場《いちば》」です。

読ませるPOPは絶対効果的!

間から、業界ではその売り方が有名なスーパーでしたが、ＳＮＳでの拡散を受けて、らお客さんが来るようになったといいます。

Ｐにはどんなコピーが書かれているかというと、例えば以下のようなものです。

大手メーカーの職と安定を投げ打ち、家業を継いだ男の鮮度と執念

（朝とれニジマス）

レジスタッフのサトウが泣いて喜んだ。「ああ。つい、ついに来たのね！」と。

（信州伊那産　驚きの旨さ　北原睦代さんが作った干しいも）

八ヶ岳倶楽部のレストランで使われているお米です。ひまわり市場の某スタッフの、初恋のお相手が新潟に嫁いで、この美味しいお米を作っていたんです‼
世間は、狭いですね。

（土田のお米）

たしかにおもしろい。

プロでもなかなか書けません。

このようなＰＯＰを見たら、たしかに買いたくなりますね。

そしてこれらのキャッチコピーで特徴的なのは、商品の内容よりも、スタッフや生産者などの人にスポットが当たっているという点です。

実際に「ひまわり市場」のサイトを見てみると「ひまわり人」というコーナーがあり、スタッフがニックネームで紹介されています。

キャッチコピー・特技・座右の銘などもなかなかおもしろいです。

例えば、「マッダ部長」には、「ひまわり市場の雷神」というキャッチコピーがつけられています。

特技は「絶品の笑顔と凄腕」、座右の銘は「NOを前提とせず」。

そして以下のようなコメントも書かれています。

ある時は寿司職人。またある時はお客様担当部長。
その正体は、奥様のハートをわしづかみする「シニアイケメン」。
「俺の握りに惚れんなよ！（笑）」

こういった紹介文を読むと、そのスタッフの方に一気に親近感が芽生えますね。

それを知ってPOPを読むと、さらに味わい深くなりそうです。

「れんこん三兄弟」しかり。「ひまわり市場」しかり。

ここから以下のような仮説を導き出しました。

「人を前面に出すと、コトとモノがつながる仮説」です。

これは言われてみれば当たり前ですよね。

同じ商品でも営業マンが違えば売れ行きはぜんぜん違う。

新幹線の車内販売などでも、人によって大きく売上が変わるといいます。

お客さんはモノを買っているだけのようにみえて、売り手というコトを含めた「コトモノ」を買っている場合が多いのです。

●書店で「人を前面に出す」を実践すると

「人を前面に出すと、コトとモノがつながる仮説」を、他の業種でどのように応用していけばいいか。

わかりやすいようにここでも、書店を例に考えてみましょう。

作家の顔を出すことはあっても、書店員の顔が前面に出ていることはまずありません。

ＰＯＰなどで個性は出したとしても、基本的に匿名であることが多いです。

私は以前からなぜもっと前面に書店員という人を出さないのか不思議でした。カリスマ書店員などともてはやされることはあっても、それは業界内でのことであって、店頭で書店員の顔を売るようなことはほとんどありません。

「本」と「人」はとても相性がいいのに、とてももったいないなと思います。

例えば、書店員たちの写真を大きなポスターにして店頭に貼りだすのはどうでしょう？

山梨のスーパー「ひまわり市場」に倣って、特技、座右の銘、好きな作家などを書いて、以下のようなキャッチコピーをつけるのです。


ＰＯＰは一流、接客二流、ギャラは三流。私が恵まれない天才ＰＯＰ職人ニシハラです。


「人を前面に出すと、コトとモノがつながる仮説」が正しければ、そうやって書店員のキャラを前面に出していくことで、「モノ（本）」の売上にもつながっていくはずです。

と、ここまで書いて、書店員で自分のキャラを前面に出すことで、本をたくさん売っている方を思い出しました。

それは三省堂書店の新井《あらい》見枝香《みえか》さんです。

現在は本社勤務ですが、三省堂書店の有楽町《ゆうらくちょう》店や池袋《いけぶくろ》店の書店員時代、イラストによる似顔絵を使って自らのキャラを出すことでたくさんの本を売っていました。

中でも極めつけは、彼女が新たにつくった文学賞「新井賞」でしょう。

これは当時、三省堂書店有楽町店文芸書担当だった新井さんが、「芥川《あくたがわ》賞・直木《なおき》賞」の発表日に、「この作品に何の賞も与えられないなんて嘘でしょ⁉」と思う本に贈呈する賞で、2014年から選定されていて、2017年夏で既に7回を迎えています。

新井さんは出版業界紙「新文化」での連載（「こじらせ系独身女子の新井ですが」）で、新井賞のことを以下のように述べています。

「候補作を選ぶのも新井なら、選考も発表も発注も新井だ。満場一致。全員笑顔。なんてクリーンでピースフルな文学賞であろうか！」

「資金ゼロ。言ったもん勝ち。ただ、賞を与えて入荷したからには、責任もって死ぬ気で売る。それはプライスレスな賞金だ」

そして、実際の店舗で、芥川賞・直木賞作品よりも多く新井賞作品が売れたこともあるらしいです。すごいですね。

新井賞に選定されている本の多くは、一般的にはそれほど売れていた本ではありません。しかし書店員がキャラを前面に出したコトで、本というモノが特異的に売れました。

これこそが、「人を前面に出すと、コトとモノがつながる仮説」が正しいという一つの例証になるのではないでしょうか。

●セルフレジ時代だからこそ必要な「コトモノづくり」

本章では、「コト」と「モノ」を結びつけることの重要性、またどうすれば「コト」単独で終わらず、「モノ」につなげることができるかを考察してきました。

私自身が体験したことや、実際にあった事例から、以下の三つの仮説を導きました。

①「安全地帯にいるお客さんはもっと商品説明を聞きたがっている仮説」
②「のれそれで熱を生み出すとコトモノ消費につながる仮説」
③「人を前面に出すと、コトとモノがつながる仮説」

もし仮説に共鳴してもらえたら、以下の3箇条のような事を実践してみてください。

①お客さんを安全地帯におきつつ、商品の説明をしっかりする。
②徹底的に何かにこだわることによって現場に「熱」を生み出す。
③販売者の写真を貼りだしたりキャッチコピーをつけたりして、人を前面に出す。

いずれも、特別なことではありませんが、きちんと徹底的にやれば、コトとモノがつながって効果があるはずです。

書店での例をあげて具体的な策を提案させていただきました。もし、これらの案を実行したいと思う書店があればご連絡ください。

スーパー、ドラッグストア、コンビニ、書店など、ここ数年のうちにセルフレジが急速に広まることが予想されます。今までレジに多くの時間を取られていた従業員をただ削減するのではなく、このような〝コトモノづくり〟に向かわせることこそが、リアル小売店の生き残る道ではないでしょうか？

そんな業種の中でも最先端（？）ともいえるコトモノづくりの一例として、ドラッグストアの老舗《しにせ》チェーンの例を紹介してこの章を終えようと思います。

●レジ打ちもする時給１０００円アイドル

「ダイコク」（本社大阪市中央区）は、近畿《きんき》を中心に北海道から沖縄まで約１９０店舗あるドラッグストア「ダイコクドラッグ」や飲食店、マッサージ、不動産など多角的に事業を展開する企業です。

創業は１９５７年、「元気！　激安！　のダイコクドラッグ」というスローガンで価格訴求を前面にだし成長してきました。

そんなダイコクが２０１３年8月に「ＤＤプリンセス」というアイドルグループをプロデュースして「本気すぎる」と一部で話題になりました。

「ＤＤプリンセス」とは、ダイコクドラッグのＰＲスタッフという位置づけ。メンバーは28人（２０１７年9月末現在）で、実際に、店長代理、薬剤師、レジ打ちなどの店頭や、本社スタッフとして働いています。現在は、大阪北新地《きたしんち》のライブハウスと、沖縄の国際通りを中心に活動していて、２０１５年にシングル「一大告白タイム」でデビューを果たしました。この曲はダイコクドラッグの店内ではヘビーローテーションで流れています。

また、いろいろな企業とコラボしたポスターに起用されているのも特徴です。今まで、アネッサ（資生堂）、シルコット（ユニ・チャーム）、生茶（キリン）、忍者めし（UHA味覚糖）など数多くの商品広告のポスターが制作され、ダイコク店内で使われています。

店頭でイベントをすることも多く、沖縄・那覇《なは》では外国人観光客が夕食を終えて国際通りを歩く午後8時から店頭のステージでパフォーマンスを実施しています。歌って踊るだけではなく、記念撮影などのイベントもあり外国人観光客から人気とのことです。

「時給1000円のアイドル」と紹介されることが多いですが、現在の求人サイトを見ると、「時給：1200円～1400円※初日から1200円　週1日以上、1日2時間以上シフト自己申告（7日ごとに提出）」とあります。少し値上がりしたようです。

私自身、彼女たちのパフォーマンスをまだ見たことがありませんし、このような取り組み（コト）が、現時点でどれほどのモノの売上につながっているのかはわかりません。

ただ一つ言えるのは、普通であれば価格競争しかないドラッグストア業界において、他のチェーンとは確実に差別化することに成功していることは確かでしょう。

ドラッグストアだけでなく、商品で差別化しにくい業種でも参考になる事例でしょう。

もちろんアイドルである必要はありません。

さて、第二章では「コト」と「モノ」をつなぐ方法をお伝えしてきました。第三章では「コトモノ消費」をさらに深めた「モノガタリ消費」を実践している商業施設について紹介します。特に２０１７年6月に訪れた台湾の商業施設を中心に取り上げます。

第三章

「世界一美しい眼科」で、飛ぶようにモノが売れる理由

「モノガタリ消費」を生み出すために

●世界一美しい「眼科」を知っていますか？

台湾の中央部、台北、高雄に継ぐ第3の都市・台中にその「眼科」はあります。地元民はもちろん、国内外の多くの観光客が、世界一美しいと言われているその眼科を訪れます。建物の中はいつも混み合っていますし、外には長い行列ができています。

その名前は「宮原眼科」。

と言っても、病院ではありません。

地元の菓子メーカーで、パイナップルケーキが有名な「日出集団（DAWNCAKE）」によって、２０１２年に創られた巨大スイーツショップなのです。

この建物は、もともと１９２７年日本統治下において、日本人医師宮原武熊が「宮原眼科医院」として開業した台中最大規模の病院でした。

宮原氏は当時台湾総督府の医科長でもあり、台中市議員や高校の校長もつとめた地元の名士です。終戦後、宮原氏は日本に帰国、歴史ある赤レンガの建物は、国民党政府に管理されしばらくの間、「台中市衛生局」として使われていました。しかし衛生局が移転したあとは、数十年間、手つかずのまま放置されていたのです。

その間、1999年の大地震や、2008年の台風などの被害で建物は傾き、危険な状態になっていました。台中市政府は取り壊しを決めていましたが、2010年、そんな建物を買い取ったのが「日出集団」でした。

普通であれば、元のビルは取り壊して、新しい建物を建てるのが一般的です。そうすれば、高いビルが建てられるので明らかに効率的だからです。

しかし、日出集団は、あえて元々の建物を残しつつ、新旧を融合させ、リノベーションをする道を選びました。1階部分のアーチ型の門や2階の13個の窓などをはじめ、外観部分も象徴的な場所を残し、店内にも廃材や屋根瓦《がわら》など、元からあった資源をできる限り使って、新しいデザインにリノベーションしました。そして2012年「宮原眼科」という名前で、スイーツショップをオープンさせたのです。

●「ハリー・ポッター」の魔法魔術学校のような内装

2017年6月、私はこの「宮原眼科」を訪れました。

台湾に行くことになったのは、台北市光復南路にある台湾淳久堂《じゅんくどう》書店でのトークイベントに招待してもらったからです。

このイベントを企画していただいた、香川県高松《たかまつ》市の「かまんよ書店」店主の青木大《あおきだい》さんから「宮原眼科は絶対見に行っておいたほうがいい」と強くすすめられ、イベント翌日、高鐵（高速鉄道）と台鐵（在来線）を乗り継ぎ台中市へ向かったのです。

台鐵台中駅から徒歩数分、赤レンガのクラシックな建物が見えてきました。それが宮原眼科です。クラシックな外観とはうってかわって、建物の中はまったくの異空間でした。一見高級ブランドショップのようなゴージャスな内装で、3階まで吹き抜けです。図書館をイメージしているらしく、天井まで大量の本が積まれています。でもよく見るとすべてお菓子の箱を本に見立てたものでした。

まるで映画「ハリー・ポッター」で主人公たちが通うホグワーツ魔法魔術学校のようだ、と評する方もいます。店内にいるだけでワクワクする空間になっています。

店内では、名物の「パイナップルケーキ」「チーズケーキ」をはじめ、クッキー、チョコレートなどのスイーツが美しいパッケージに包まれて陳列されています。トートバッグなどのグッズも多数ありました。

店員たちはみんな愛想がよく、どんどん試食をすすめます。

2階は「醉月樓沙龍」というレストラン&カフェ。スタイリッシュな内装で、接客もよく、落ち着いた時間を楽しめました。お茶とスイーツだけでも、かなりいいお値段がするにもかかわらず、とても満足度が高かったです。

他にも「宮原眼科冰淇淋」(テイクアウトのアイスクリーム店)、「宮原珍奶」(テイクアウトのお茶屋さん)という店舗があり、アイスクリームの店舗には大行列ができていました。並ぶのは断念しましたが、50種類以上のアイスと20種類以上のトッピングで、オンリーワンのアイスを作ることができます。

多くのお客さんにとって、この施設にいること自体が体験という「コト」ですが、それが「モノ」につながって、すさまじく商品が売れている印象です。

●「宮原眼科」に学ぶ「モノガタリ消費」とは?

この店は、オープンからもう5年近くたっています。にもかかわらず、ずっと繁盛し続けています。

なぜでしょう?

私は、第一章で紹介したような日本の大型商業施設とは根本的に違うあるモノを感じました。それが「**物語(ストーリー)**」です。

この施設は、色々なモノを主人公にするように組み立てられているので、ずっと繁盛し続けていると考えられます。まさに私が考える「モノガタリ消費」の典型例です。

以下、私が発見した五つの「物語」を紹介します。

①建物を主人公にする「物語」がある

歴史ある建築物のイメージをそのまま残したことで、建物を主人公にすることができました。それに加えて何といっても「宮原眼科」という名前を残したことが素晴らしいアイデアです。

眼科なのにスイーツショップというギャップが多くの人の興味をひきたてます。「世界一美しい眼科」とか「宮原眼科でアイスクリームを食べました」などとついSNSに投稿したくなります。それだけで話題になりやすい言葉なのです。

店名に日本人の名前がついていますが、それは戦前からの歴史を感じるものですし、基本的に親日である台湾ではマイナスにはなりません。

外観はできるだけ古い建物のイメージを残しつつ、中に入った時のゴージャスさとのギャップが痺《しび》れます。それでいて元の建物へのリスペクトがあちらこちらに感じられます。

3階には、宮原眼科の歴史を解説したり宮原医師のプロフィールを説明したりするパネルもありました。お店のロゴは、病院の赤十字に白梅を重ねたもの。台湾では、日本＝梅というイメージがあるらしく、元々の建物の主である宮原医師に敬意を払ったものだといいます。

このように建物自体に物語があると、施設全体の価値が高まります。

②お客さんを主人公にする「物語」がある

メインショップの店内は、ついつい写真に撮りたくなるような空間です。建物内は撮影オッケー。実際、多くのお客さんは、観光客気分で写真を撮影しまくっていました。

お客さんにとっては、写真に撮って自由にＳＮＳに投稿できる訳ですから、自分が物語の主人公になれます。

お願いすれば従業員もたぶん一緒に写ってくれるでしょう。従業員はとても愛想よくちょっと目が合うと、微笑み話しかけてこようとします。それでいて無理に商品を買わせようという雰囲気はありません。

名物のアイスクリームも、組み合わせが無数にでき、自分だけのオリジナルアイスがつくれるので、SNS映えがしやすくなっています。

2階のカフェでは、日本人だとわかるとフラッペに日本の国旗（昔のお子さまランチのような）をたててきてくれました。

これは、ちょっと気恥ずかしかったですが、うれしい人にはうれしいでしょう。

このように、宮原眼科は店に行くだけでも、お客さんは物語の主人公になれるのです。お客さんにとって「自分が主人公になれる」場所が支持されないわけがありません。

③従業員を主人公にする「物語」がある

従業員であるスタッフの制服も非常に凝っています。

店舗や季節によっても変わるようですが、戦前の眼科の看護師を思わせるものだったり、ミリタリールックだったり、建物の内装と合わせた世界観があります。

スタッフたちも店の内装とマッチした制服を着ることによって、「宮原眼科」という物語の登場人物の一員になっています。

制服を着ると、スタッフたちはちょっと誇らしい気分になるのでしょうし、写真を撮られるのも、ちょっとしたスター気分になるのでしょう（そういうことが嫌いな人はこうしたお店には勤めないでしょうから）。

スタッフ側からすると、自分たちが物語の主人公になった気分になるのです。日出集団のホームページを見ると、スタッフが働いている姿が数多く載っています。しかも、単に接客シーンだけでなく、準備や朝礼をしているシーンや、店の近くを清掃に行くシーンなどの写真が多いのが特徴です。「スタッフこそが物語の主役なんだよ」と語っているように思えました。

このように従業員が物語の主人公になると、当然、その世界観に合わせた接客をしようと思うようになり、お客さんの満足度も上がります。

④商品を主人公にする「物語」がある

宮原眼科で扱っている商品のパッケージデザインはどれもとても美しいのが特徴です。
基本的にレトロモダンなデザインで本の形をしていたり、レコードジャケット風だったり、色々と凝っていて、まったく隙がなく店の世界観と合致しています。一つひとつの商品にもストーリーがありそうです。お土産にぴったりです。

季節によって目まぐるしく変化するようで、何度来店しても飽きない仕掛けになっています。また、重要なポイントは、これらの商品は基本的にここでしか買えないということ。通販はありますが、少なくとも台北や空港のお土産物屋さんでは買えません。

ここまでデザインの完成度が高いと、中身はおろそかになっているかと思いきや、カフェで食べたケーキなどはとてもおいしく、インターネット上でも高評価です。

また、原材料や製法などに対するポリシーも筋が通っています。アイスクリームのカップの裏には、乳化剤・安定剤・色素・香料他、一切不使用と大きく書かれています。

このように商品一つひとつが物語の主人公になっていると、当然、お客さんはその商品を買いたくなります。

⑤企業を主人公にする「物語」がある

実はこの〝企業が「物語の主人公」になっている〟という部分が非常に重要です。

宮原眼科を経営する「日出集団（DAWNCAKE）」は、2002年、台中市で頼淑芬氏によって創業されました。台湾で初めてパイナップル餡《あん》のみを使用したパイナップルケーキ「土鳳梨酥」を発売したことで有名です。

宮原眼科以外にも何店舗かの店を持っていますが、すべて地元・台中にしかありません(2017年8月現在)。それだけ地元愛が強いということでしょう。

この店は、台鐵台中駅から徒歩数分の場所にありますが、街の中心地は少し離れた場所にあるため、このあたりは数年前まで寂れていく一方だったといいます。この施設ができたことで、寂れていた台中駅前に活気が戻ってきました。

しかもただ新しい施設を創るだけでなく、地元にもともとあった建物という資源を上手に生かしながらも、自分たちの商品を生かすために、まったく新しい世界観をつくったのです。

宮原眼科ができるまで、台中市は台北と南部(高雄・台南)にはさまれて観光客は素通りすることが多かった街だったようです。しかし今や、この店に行くためだけに台湾中はもとより、世界中から観光客がやってきます。宮原眼科以外の日出集団が経営するショップもそれぞれ独自の世界観を作っていて人気があります。

自社が商売繁盛するだけでなく、街の発展にも寄与しているのです。地元を大切にしつつ、自社もともに発展していこうという企業姿勢は、まさに「物語の主人公」にふさわしいものですね。

このように、企業が物語の主人公になっていると、当然ファンになるお客さんが増えることにつながります。

●建物に「物語」を感じると商品の価値も上がる

台湾では「宮原眼科」に限らず、旧日本統治時代の建物をただ建て替えるのではなく、うまくリノベーションした、新しく魅力的な商業施設が次々と誕生していました。

台北市では、大規模な酒工場をリノベーションした「華山1914文化創意園区」、大規模なタバコ工場をリノベーションした「松山文創園区」などが有名で、どちらも人気スポットになっています。

台南市では1932年に日本人実業家、林方一が創業した大型デパート「ハヤシ百貨店」が80年以上の時をへて2014年、文化クリエイティブ販売施設「林百貨」としてリノベーションされ人気を得ています。

このように建物自体に「物語」があると、売っている商品にもストーリーが感じられ買いたい気持ちが高まります。

では完全に建て替えるとしたら、その建物に「物語」を持たせることはできないのでしょうか？

そんなことはありません。

たとえ建て替えたとしても、元の建物に対する想いやリスペクトがあれば、新しい施設になっても「物語」を感じさせることはできます。

そのヒントは、兵庫県西宮市阪急西宮北口駅近くにある商業施設「阪急西宮ガーデンズ」の中にあります。この施設は、もともと１９８８年までプロ野球球団阪急ブレーブス（現オリックス・バファローズ）のホームグラウンドとして使われていた西宮球場の跡地に建てられたものです。

施設内にある「阪急西宮ギャラリー」には、阪急ブレーブスの往年の名選手たちの名シーンのパネル、優勝トロフィー、当時の西宮球場のジオラマなどが展示されていて、当時のことを知る人間にとっては感慨深く物語を感じます。ちなみに第４回「大阪ほんま本大賞」を受賞した増山実《ますやまみのる》著『勇者たちへの伝言』という小説でも、この「阪急西宮ギャラリー」は重要な場面で登場します。

また屋上のスカイガーデンにも、西宮球場のホームベースがあった位置に記念プレートが埋め込まれています。

このように元にあった施設やその土地への愛や歴史を語るという取り組みをするだけでも、建物のバリューは確実に向上します。

「そんなことをやってどれだけ集客や売上につながるんだ」と、疑問に感じる方もいらっしゃるかもしれません。たしかに現在の阪急西宮ガーデンズの取り組みだけでは効果は限定的でしょう。

ただ設計の段階からもっと本格的に「元球場」という部分にスポットをあてて、店舗などとリンクさせるような商業施設にしていたらどうだったでしょう？

スタンドの椅子、ベンチ、ロッカー、スコアボード、ブルペン、外野の芝生など、球場には新しい商業施設でも使えそうなものが色々あります。野球以外にも、西宮球場では、アメリカンフットボールの東西対抗オールスター戦（西宮ボウル）、競輪、大物アーティストのコンサートも数多く行われていました。かのマイケル・ジャクソンもコンサートを行った場所です（私自身も見に行った記憶があります）。

ギャラリーのように単に記録を残すだけでなく、そのような様々なモノや出来事とリンクしたような店舗やスポットやイベントを作っていくというイメージです。

阪急西宮ガーデンズは現状でもとても繁盛している人気ショッピングセンターですが、さらに「物語」を感じる施設になっていたのではないでしょうか？

第一章で紹介したような日本の大型商業施設では、もともとその場所にあった建物や土地に関する「物語」が語られているのをほとんど発見できなかったのが残念でした。

●コトとモノをつなげる台湾のデパート

台湾・台中市には、「コトモノ消費」「モノガタリ消費」を考える上で、もう一つ非常に参考になる商業施設がありました。

それが、宮原眼科からクルマで10分ほどの場所にある「中友百貨店」です。

このデパートは、台中市の中心部にあり、世界一クールとよばれている「誠品書店」が入っていることと、18のトイレのテーマがすべて違うことで有名です。

このトイレはアメリカのタイム誌に取り上げられたり、イギリスのサイトが発表した世界十大トイレの一つにも選ばれたとか。実際、私もできる限り（男性用だけですが）覗《のぞ》いてみましたが、個室がコカ・コーラの缶のデザインになっていたり、ジャングルのような親子トイレがあったりしておもしろかったです。実際、中友百貨店を紹介するブログなどの記事では必ずと言っていいほど、このトイレのことが取り上げられていました。

日本でも、福岡の天神《てんじん》地下街が２０１５年から16年にかけて、トイレを豪華に改装して話題になりました。中でも「東10番街女性専用トイレ」は、王妃の別荘（！）をイメージした空間ということで「豪華すぎる」とＳＮＳで拡散されました。博多名物の屋台と並ぶほどの撮影スポットになっているとのことで、話題づくりとしては十分に投資に見合うものになっているのではないでしょうか。

話を本題に戻します。

中友百貨店が「コトモノ消費」の参考になるなと思ったのは、家電製品やキッチンまわりの商品の売り場です。

いずれも独立したブースで、実演・講習・相談などを体験してから買えるようになっていました。実際に、実演しているブースもかなりあり、どの売り場も店員とお客さんが熱心に話しているのが印象的でした。

中友百貨店の経営理念は「快適生活提案者」です。

サイトをみると「この理念を実現するために、年に1、２回は必ずどこかのフロアを改装し知性・感性の両方を刺激するような空間をつくります。楽しく買い物できるようにお客様の懐に飛び込み楽しく会話してもらえるようにします」という趣旨のことが書かれています。

中友百貨店はこの理念を元に、きちんと「コト」を「モノ」に結びつける努力をしているように感じました。

●「クリエイティブ力」を売る台湾の書店チェーン

台湾でもう一つ、スゴイと思った会社があります。

それが「誠品書店（eslite Bookstore）」です。

台湾全土に40店舗以上、香港や中国蘇州にも店舗がある一大チェーンです。

今や書店に限らず、「誠品グループ」として、デパート、ホテル、大型マンションのプロデュースなどにも進出しています。

前述した中友百貨店にも、誠品書店の店舗があり、円形で何層にも並んだ本棚がとても美しい空間でした。訪れたのが日曜日ということもあり、ものすごい人でトークイベントも盛り上がっていました。カップルで床に座り込んで立ち読み（？）している人も多く、移動するにはその間をかきわけていかなければなりませんでした。

台湾滞在中に、他の誠品書店（台北の信義店・敦南店・松菸店・台北駅前店）も訪れましたが、すべて印象深い店舗で、とても居心地のいい空間でした。

２０１１年、日本に「代官山 蔦屋書店」ができて初めて行った時には、そのクオリティの高さに驚きました。今回、同じアジアで誠品書店がそれよりずっと前から、このようなクオリティの書店を作っていたことを知ってさらに驚きました。

実際、誠品書店は、２００４年にタイム誌アジア版の「アジアで最も優れた書店」に選ばれ、２０１５年には、アメリカのＣＮＮによって、台北敦南店が、世界で最もクールな17の書店（World's coolest bookstores）の一つとして選ばれました。このように海外からの評価も高いです。

台湾では、地下鉄でもカフェでも本を読んでいる人は誰一人としてみかけたことはなかったですが、誠品書店ではどの店舗でも大勢のお客さんがいて本も売れているように見えました。旗艦店である誠品信義店は、世界中から人が訪れる観光スポットにもなっています。私が訪れた時には、小学生の集団が、学校の社会科見学か何かで来ていたのが印象的でした。

誠品書店の創業者である呉清友氏は、元々、厨房《ちゅうぼう》機器などを輸入する商社の事業をしていましたが、経済活動だけに邁進《まいしん》している自分に対しての迷いを持っていました。そんな中、先天性心疾患で手術を受けたことをきっかけに、自分の本当にやりたいことに事業を展開しようと考えます。

そして、「台湾に新たな文化・クリエイティブ産業が生まれ続けるようバックアップする」という信念のもと、１９８９年３月に誠品書店をオープンします。

社名の「誠」は誠実な心と思いやり。「品」は優れた専門性を備え選び抜かれた証《あかし》の意味。英語名「eslite」は、「エリート」を意味するフランスの古語です。一般的には「選ばれた者」という意味ですが、誠品書店のサイトでは「人生を謳歌《おうか》しようとするすべての人」の意味と書かれています。

当初は、建築やアート専門の書店でなかなか一般的には受け入れられませんでした。しかし信念を曲げず、１店舗ずつ地道に展開していく中で、徐々に一定の市場規模を獲得していきます。

潮目が変わってきたのが１９９９年３月。台北市の敦南本店を24時間営業に切り換えリニューアルしたこと。これが大反響を呼び、台湾の若者の支持を得ます。深夜のデートスポットになり、文化的ランドマークとなったのです。

誠品書店は、店舗のクオリティも素晴らしいですが、それにもまして創業者や企業としての物語を感じます。

「台湾の文化・クリエイティブシーンを発展させる」という創業者の呉氏の理念がブレずに貫かれ、書籍からライフスタイル全般に徐々にシフトしていき、どの店舗でも共通する居心地のよい空間を作ってきました。誠品ブランドであれば安心なイメージが根付いているのでしょう。ホテルやマンションなどに進出しても、違和感がないのです。

かの地では外国人である私ですが、店舗のクオリティと創業者のストーリーを知り、たった一度の訪問ですっかり「誠品書店」のファンになってしまいました。

台湾でファンを多く獲得しているのもうなずけます。

●創業８００年の超老舗旅館が「物語」でよみがえる

施設や土地がもっている「物語」をきちんと見直して発信し続けたことで、見事によみがえった日本の温泉地があります。

それが、兵庫県神戸《こうべ》市北区にある有馬《ありま》温泉です。

日本で最も古い温泉地の一つで、豊臣秀吉《とよとみひでよし》が何度も訪れて茶会を開いた場所としても有名です。

2015年、私は兵庫県の書店が集まる会の講演に呼んでいただき、その会場が有馬温泉のホテルだったので、かなり久しぶりにかの地を訪れました。温泉街は、大勢の観光客でにぎわっていました。日本人だけではありません。外国人観光客の姿も数多くみかけました。全国で寂れていっている温泉地が多い中、とても活気があるのが印象的でした。そして、ここ10年でこの温泉地が大きく変貌《へんぼう》をとげたことを知りました。

もともと有馬温泉は、大阪や神戸から近く、関西の奥座敷と呼ばれ小規模な高級旅館が多いというイメージでした。しかし日本の他の温泉地同様、1980年代から次々と宿泊施設が大型化されていき団体客を受け入れるようになります。

大型ホテルは、館内に温泉はもちろん、プールやカラオケなどのレジャー施設や、広い土産物屋を備えています。せっかく有馬を訪れても、ホテルから一歩も出ずに帰ってしまうお客さんが多いのが実情でした。

その結果、古くからあった温泉街は徐々に寂れていき、魅力に乏しくなっていきます。

そんな中、バブルが崩壊し、追い打ちをかけるように阪神《はんしん》・淡路《あわじ》大震災がおこり、観光客数は大きく減っていったのです。その後も、じり貧が続き、1990年代後半には危機的状況になっていました。

そんな中、有馬温泉を魅力のある場所に復活させたのが創業800年（室町《むろまち》時代！）という超老舗《しにせ》旅館「御所坊」の15代目当主金井《かない》啓修《ひろのぶ》さんでした。金井さんはまず自分の旅館の価値を見直すところから始めました。

1980年代後半、好景気で周囲の宿泊施設がどんどん大型化していた頃、若くして老舗旅館を継ぐことになった金井さんはあえて逆の道を選びました。

まわりと同じように大型化したらずっと団体客を取るために努力し続けなければならない。第一、自分がもし女の子を誘って泊まりにいくとしたらそんな旅館はイヤだ。自分が泊まりたいような宿を作れば必ず同じ思いを持ってくれる人がいるはず。

そこで昭和初期に建てられた古い木造建築を残したまま、客室を減らして改装します。団体客用の宴会場も潰《つぶ》して、個人客用の部屋に改装しました。

部屋を広くした分、料金はあげましたが、高い値段でも選んでもらえるように、建物の「物語」を全面的に訴える工夫をしました。

部屋ごとにテーマを考え、度々泊まりに来たという谷崎潤一郎《たにざきじゅんいちろう》や吉川英治《よしかわえいじ》などの文豪をモチーフに、直筆の原稿、掛け軸などを買い集めて展示します。また兵庫県知事時代の伊《い》藤博文《とうひろぶみ》が度々泊まりにきたことにちなんで、彼が好んだ「すき焼き」を名物料理にしました。建物にまつわる「物語」を前面に出すようにしたのです。

このように「物語」を前面に押し出した効果はてきめんで、部屋数を30室から20室と3分の2にしたにもかかわらず、売上を大きく伸ばしました。

「物語」を訴えると付加価値がうまれるということを実感した金井さんは、今度は有馬の街をよみがえらせることを考えます。「御所坊を自分が泊まりたいような宿」にしたように、今度は「有馬温泉を自分が住みたい街にしよう」と考えたのです。

●ぶらぶら歩きたくなる温泉街を

有馬温泉を自分が住みたい街にするために、金井さんは自分の旅館に来て完結するのではなく、もっと温泉街をそぞろ歩きしたくなるような楽しい場所にするアイデアを色々と実施しました。旅館がお客さんを囲い込んでしまうと、温泉街の活性化につながらないからです。

お手軽に日帰り温泉を楽しんでもらうための「ランチクーポン」や有馬川のほとりの川床風の座敷で芸妓《げいぎ》さんの踊りを見ながらビールを楽しめる「有馬納涼川座敷」などのイベ

ントを実施しました。また外湯も整備し、街にループバスを周遊させせました。いずれも、観光客に温泉街を散策させるための試みです。

土産物屋など異業種8人と共同で「有馬八助商店」という会社を設立し、地サイダーブームのさきがけとなる「ありまサイダー」を開発販売し大ヒットさせました。有馬温泉には、明治から大正にかけて「有馬炭酸鉄砲水」という人気飲料が売られていて、日本のサイダー発祥の地だったというストーリーに目をつけて復活させたのです。

またモノづくり作家との人脈を活《い》かしたギャラリーや有馬玩具《がんぐ》博物館をオープン。路地裏アートプロジェクトなど、街を歩いても楽しい試みを重ねていきます。

さらに豊臣秀吉ゆかりの温泉寺の参道沿いにある古い旅館を借り受け、かつて有馬に複数存在した外国人専用ホテル風の改装を行い、有馬で一番小さな宿「ホテル花小宿」を開業し、予約がなかなか取れない宿に育て上げました。

この再生例をみて、有馬の人たちの意識が変化していきました。次第に町並みの大切さを考えるようになっていったのです。

まずお好み焼き屋さんが影響を受けて、昔のような雰囲気に改装したらお客さんが入るようになりました。すると多くの店が追随するようになり、自然と町並みの基準ができていったといいます。

こうして、有馬温泉はそぞろ歩きしても楽しい温泉街へと変貌をとげていきます。いずれも付け焼き刃の施策ではなく、もともと有馬にあった物語の原石を磨き上げていくことで、魅力的な宝石に変えていったのです。

現在、有馬温泉に来ている観光客は単に「温泉」や「食事」だけを楽しんでいるのではありません。有馬温泉という「物語」を消費しているのです。言い換えると「モノガタリ消費」をしているのです。

もちろん、有馬温泉の再生ストーリーは現在進行形です。ここには書けなかった色々な試みがなされています。ぜひ一度訪れてご自身で体験してみてください。

●若旦那が立ち上がることで「モノガタリ」を生み出す

このように書くと、有馬温泉はもともと語るべき「物語」がたくさんあるからできるんだと思った方もいらっしゃるでしょう。

もちろん物語が豊富であることは否定しませんが、いくら語るべき「物語」があっても語られなければ「ない」のと同じです。全国にはそのようなもったいない温泉が数多くあるのではないでしょうか？

そうは言っても、ほとんど語るべきストーリーがない、あってもそれを魅力と感じてもらえないという場合もあるでしょう。

そんな場合はどうすればいいのか？

今から「物語」をつくっていけばいいのです。


その好例が、福島県福島市にある土湯《つちゆ》温泉です。

JR福島駅からバスで約40分。安達太良山《あだたらやま》連峰の中腹から峠付近に土湯温泉はあります。聖徳太子《しょうとくたいし》の時代から1400年以上の歴史を持つ温泉地で、三大こけし発祥の地（他は鳴子《なるこ》温泉と遠刈田《とおがった》温泉）として、土産物としてはもちろん温泉街の様々な場所のモニュメントにも、こけしが使われています。

地元ではよく知られた温泉地ですが全国的には決して有名な温泉地とはいえず、旅館は老朽化し徐々に衰退していっていました。そこに追い打ちをかけたのが東日本大震災です。沿岸部からは直線距離で60キロ以上離れていますが、建物被害や風評被害は深刻でした。観光客は激減し、3分の1の旅館が廃業や長期休業に追い込まれたといいます。

そんな危機的状況の土湯温泉の旅館の若旦那《わかだんな》5人が、この状況を何とかしようと立ち上がります。
そして2014年8月フリー情報マガジン『若旦那図鑑』の創刊号を発行しました。
表紙をめくると、見開きで以下の宣言文的な文章が書かれています。

俺たちの温泉街だ！　いま、俺たちにできることは何がある？

「たった数分の出来事が、たった一瞬ですべてを崩してしまった」
忘れもしない、3．11。
思い悩む事もあっただろう。不安もあっただろう。
だが、そんな不安をものともせず声をあげた男達がいる。
俺たちの温泉街だ！いま、俺たちにできることは何がある？
この街の誇り、伝統、人々のあたたかさは、
たった一瞬で崩されなどしない。
ふくしまの温泉街の次世代を担う男たち

――若旦那たちが、立ち上がった。

その以降のページは一転して、５人の若旦那を徹底的にフィーチャーして、カッコよく撮った写真とともに、おすすめや出現ポイントなどの記事が載せられています。コンセプトは「スマホの恋愛シミュレーションゲーム風」だといいます。表紙のコピーは「温泉街の顔『若旦那』の攻略法」。５人の若旦那たちもきっちりキャラづけされ、以下のようなキャッチコピーがつけられています。


「クール系正統派イケメン若旦那」

「人情あふれる！　アスパラベーコン系若旦那」

「みんなの愛され王子！　おちゃめ系若旦那」

「頼れるアニキ肌！　ちょいワル若旦那」

「マイワールド全開！　不思議議系若旦那」


それぞれの呼び方も、「じゅりさま」「いまちゃん」「りおくん」「キング」「ともくん」

などキャラに合った呼び方になっています。

温泉旅館の看板と言えば一般的には「女将《おかみ》」のイメージです。これまで日の当たらない縁の下の力持ちであった「若旦那」たちが、生まれ育った温泉街のために奮闘するという姿が多くの人の共感を呼びました。『若旦那図鑑』は、主に東京でのイベントなどで配られましたが、発行から数週間で予定部数のほとんどを配布しおえるくらい好評でした。

情報誌のコンセプトが「スマホの恋愛シミュレーションゲーム風」になったのは、福島学院大学短期大学部情報ビジネス科でデザインを専攻する木村ゼミの学生たちからのアイデアでした。最初は半信半疑だった若旦那たちも、そのアイデアに乗ることにしたのです。学生たちは土湯温泉を散策し、若旦那たちの復興にかける想いなどを取材し一人ひとりに親近感がわくように前述したキャッチコピーをつけていったといいます。

『若旦那図鑑』は2017年8月現在、5号まで刊行されていますが、すべて福島学院大学短期大学部情報ビジネス科の学生たちによって制作されています。

●小さな種火がひろがっていくことが重要

『若旦那図鑑』はまずネットで話題になり、徐々に新聞やテレビなどでも紹介されることが増えてきました。想像以上に注目され、当初は戸惑った若旦那たちも「まちを盛り上げるには自分たちがやらないと」と色々なアイデアを出すようになりました。夜間に出歩ける場所が少なかった温泉街に「若旦那バー」を開店。5人が交代で客をもてなすようになりました。

当初5人からはじまった若旦那も、新たに福島の県北地域の三つの温泉地（飯坂《いいざか》温泉、高湯《たかゆ》温泉、岳《だけ》温泉）が加わり、今では若旦那の参加数は18人にも達しているといいます。

また2017年2月、『若旦那図鑑』を制作した福島学院大学・同短期大学部は、土湯温泉観光協会と相互協力に関して協定を結び、『若旦那図鑑』の制作に加え、食物栄養学科の学生によるご当地メニューや旅館で提供する料理の開発、福祉心理学科の学生による高齢者や障害者向けの旅行プランの企画などを進めることで合意しました。

このように『若旦那図鑑』をきっかけに、土湯温泉は元気を取り戻しつつあります。観光客も徐々にではありますが増えているようです。

『若旦那図鑑』で土湯温泉を知り訪れた観光客は、まさに「モノガタリ消費」の典型だと言えるでしょう。

私自身、実はまだ土湯温泉に訪れたことがありません。

したがって、『若旦那図鑑』というコトが、きちんとモノ（宿泊・物販）につながっているかどうかはわかりませんし、この手法が、土湯温泉が一番訴えるべき「物語」だったのかどうかは判断がつきません。また、実際におもしろそうと思って温泉を訪れたお客さんたちに、現地で満足できるような対応がなされているのかもわかりません。

しかし少なくとも確実に言えることがあります。

それは、この「若旦那プロジェクト」をきっかけに「土湯温泉」に「物語」が生まれたことです。

苦境に陥った温泉旅館の若旦那が「物語の主人公」として立ち上がることによって「熱」が生み出されました。

当初は小さな種火だったものが、その「熱」が徐々に広がっていっています。

「物語」が生まれていくには、何よりもまずこのような「熱」を生み出すことが重要なの

章では、どのように熱を生み出していけばいいかを詳しくみていきます。

第四章

旗を掲げることで「物語の主人公」になる

顧客に選ばれるための「川上コピー」

●「お客様は常に正しい」は本当に正しいのか？

アメリカコネチカット州に本拠地を置くスーパーマーケット「スチュー・レオナルド」は、２０１７年８月末時点でコネチカット州・ニューヨーク州・ロングアイランドに6店舗しかないチェーン店ですが、超繁盛店として有名です。

創業者スチュー・レオナルド氏は、元々酪農家でした。１９６９年、コネチカット州ノーウォークで7人の従業員を雇い小さな酪農品店「Clover Farms Dairy」をオープンしたのが始まりでした。あっという間に繁盛店になり、やがて次々と他の生鮮部門に拡大していき、総合スーパーになっていったのです。

エンターテインメント性にあふれ、ユニークな展示方法が有名です。取り扱う品目を通常の10分の1程度に絞り、山積みの陳列をほどこしたり、屋台風の対面販売があったり、巨大な飾りつけなどのビジュアルの要素とともにそれに合わせたサウンド要素も重視しています。また至るところで、キャラクターの仕掛けがあったり、試食・試飲の場を設けたりするなど、お客さんを飽きさせない工夫がほどこされています。

ニューヨークタイムズから、「まるでディズニーランドのような店（"The Disneyland of

Dairy Stores.")」と称賛されるほどでした。

そして「スチュー・レオナルド」がスゴいのは、そのような「コト」が「モノ」と強く結びついているという部分です。商品がものすごく売れるのです。

1992年には、アメリカの食料品店として1店舗の単位面積当たりの売上高世界一としてギネスブックに認定されるほどの店になりました。従業員の満足度も高く、フォーチュン誌の「働きがいのあるベストカンパニー100」に何年もランクインされています。

そんな「スチュー・レオナルド」の各店舗の正面入り口には、大きな石に以下のポリシーが刻まれています。

私たちのポリシー

ルール1　お客様はいつも正しい

(THE CUSTOMER IS ALWAYS RIGHT!)

ルール2　もしお客様が間違っていると思ったら、ルール1を読み返せ

(IF THE CUSTOMER IS EVER WRONG, REREAD RURE 1.)

実はこの「スチュー・レオナルド」とは、まったく逆のポリシーを掲げている店がニューヨークにあります。

それがイタリア発祥の食の大型複合施設「イータリー（EATALY）」です。

●「お客様はいつも正しいわけではない」は本当か？

「イータリー」は、２００７年、元家電チェーンオーナーでイタリアを代表する実業家オスカー・ファリネッティ氏によって、イタリア・トリノで1号店が誕生しました。

コンセプトは、「ショッピング・イーティング・ラーニング（買う・食べる・学ぶ）」で、以下の三つの機能が一つの店に集合しています。

高品質なイタリア食材のスーパーマーケットという「ショッピング機能」。

買ったものをその場で食べるイートインスペースや、食材を使ったレストラン・カフェ・バーなどの「食べる機能」。

食に関する書籍などの情報、料理教室や有名シェフを招いてのイベントなど「学ぶ機能」。

この三つの機能が同じ店で一堂に会しているのです。

このありそうでなかった業態は、瞬く間に生活者の支持を得ました。

まさに「コト」を「モノ」としっかり結びつけている好例です。

今ではイタリア国内はもとより、アメリカ、ドバイ、ドイツをはじめ世界各国に進出しています。日本でも海外進出1号店として2008年に東京・代官山に出店（現在は閉店）。2017年8月末現在、東京・日本橋《にほんばし》と丸の内に2店舗があります。

「スチュー・レオナルド」と正反対のポリシーを掲げるのは、2010年にニューヨーク・マンハッタン5番街に進出した店舗です。ニューヨークイタリアン界のスターシェフ、マリオ・バタリと提携した店舗は、オープン直後から大繁盛店になりました。

そしてこの店舗の入り口にも（おそらく「スチュー・レオナルド」を意識して）、以下のようなポリシーが掲げられています。

私たちのポリシー

1　お客様はいつも正しいわけじゃない
（THE CUSTOMER IS NOT ALWAYS RIGHT.）

2　イータリーも常に正しいわけじゃない
（EATALY IS NOT ALWAYS RIGHT.）

3　私たちの違いが、ハーモニーを作り出す
（THROUGH OUR DIFFERENCES, WE CREATE HARMONY.）

本書ではどちらの考え方が正しいなどと語るつもりはありません。どちらも正しいかもしれないし正しくないかもしれない。

さらに言うと、どちらのフレーズもこれらの店が一番に語るべきフレーズだとは私には思えません。

もっと掲げるべきフレーズがあると思います。

しかし肝心なのは、このようなポリシーを入り口の目立つ場所に掲げているということです。「うちの店のポリシーはこれなんだ」ということを、きちんと表明しているということが重要なのです。

●日本の商業施設にない「重要なあるモノ」

本書の「はじめに」で、以下のことを書いたのを覚えておられるでしょうか？

なによりもそれらの商業施設の多くには、私が今の時代に一番必要だと思っている〝**重要なあるモノ**〟がないからです。これなしには、生活者から長く支持される商業施設になることは難しい。ストーリーブランディングにおいては、一番重要なポイントです。しかしそれがない。なぜ、日本の大型商業施設にこの〝**重要なあるモノ**〟がないのかは不思議でなりません。

この「重要なあるモノ」こそ、「スチュー・レオナルド」や「イータリー」における「私たちのポリシー」の部分だったのです。

第一章で紹介したような大型商業施設はすべて、この「私たちのポリシー」にあたる「決意表明」のようなものがどこにも掲げられていませんでした。

もちろんそれぞれの店にはいわゆる「コンセプト」はあります。それは、自分たちが施設を作る際の共通認識のようなもので、お客さんへ訴求する「決意表明」とは本来違うものです。ただ違うものですが、それでも掲げないよりも、掲げたほうがいい。

その「コンセプト」でさえも、サイトやパンフなどに書かれているところはあっても、店頭で大きく掲げられている商業施設はありませんでした。

このようなことを書くと「そんな決意表明のフレーズを掲げることがなぜ重要なのか？」と思われる方がいらっしゃるかもしれません。

その理由を説明しましょう。

それは、決意表明をすることで、その企業や店にある種の「**人格（キャラ）**」が生まれるからです。「人格（キャラ）」が生まれると「物語の主人公」になる資格を得ます。

逆に言うと、「人格（キャラ）」を感じられない企業や店では、なかなか物語を生み出すことはできません。

それは「便利」「安い」「品質がいい」「おいしい」などの合理的な理由でないと選んでもらえないことを意味します。その企業や店のファンになっているわけではないので、別にもっと「便利」「安い」「品質がいい」「おいしい」などの企業や店ができると、お客さんは簡単にそちらに流れてしまうのです。

日本の大型商業施設の多くが初年度の売上を超えられないというのは、ここに原因がある気がしてなりません。

●広島の最上級健康スーパー

もちろん日本にも「決意表明」を明確にしているスーパーマーケットはあります。

たとえば、広島、岡山、山口の3県で関連業態を含め54店舗を出店しているスーパーチェーン「フレスタ」（本社広島市）がそうです。

創業1887（明治20）年という老舗《しにせ》ですが、2014年に「ヘルシストスーパー宣言」という「決意表明」をしました。

ヘルシストというのは「最上級の健康」という意味ですが、それは単に「健康的な食品」を売るということではありません。

「活気のある接客を生き生きとした従業員が行い、地域の食文化を守りながら、身体に〝良い〟基準を満たす商品が豊富にあるという状態」のことを言います。

そのために社員の健康に力を注いでいます。まず取り組んだのが、健康診断でメタボリック症候群と判定された社員の数値改善プロジェクトです。提携する病院などでの食事指導、メディカルチェック、ジム通いと本気で取り組むことによって、多くの社員がメタボから改善しました。

「『健康』をキーワードにアピールしても、まずは私たちが健康でないと説得力がない」

（宗兼邦生《むねかねくにお》社長）という思いからです。

またフレスタでは、「1日1万歩」「毎日筋トレ」「野菜を食べる」など、社長以下全従業員約4500人の胸に、名札とともにピンクの紙がつけられています。各自が自身の健康目標を掲げた「私が挑む健康宣言」という取り組みです。

名札をきっかけに、従業員同士や従業員とお客さんとの間のコミュニケーションが活発になることも狙っています。

一方、店頭では、健康を売り物にしたプライベートブランド商品「Bimi Smile」の展開を増やし、パネルやPOPなどでも健康的な食べ方提案などを実施しています。

このような取り組みが評価されて、2014年、フレスタは厚生労働省が主催する「第3回健康寿命をのばそう！アワード」で企業部門厚生労働省健康局長優良賞を受賞しました。

実際、私もフレスタの上天満《かみてんま》店（広島市西区《にし》）を見学したことがあります。売り場では、詳しい商品説明や健康になる食べ方の提案などのパネルもあり、「ヘルシストトスーパー宣言」という決意表明とあった店づくりになっていました。また、店を入ってすぐの場所に各売り場の責任者の写真と名前や六つの約束という理念が掲げられていたのも印象的でした。

このようにフレスタは、「ヘルシストスーパー宣言」という決意表明をすることで、「人格（キャラ）」が明確になりつつあります。

今後、さらにこの施策を徹底的に推し進めていけば、後述するような「物語の主人公」になっていけるかもしれません。

●なぜ、和製LCCのうち「ピーチ」だけが勝ち残ったのか？

あなたはＬＣＣ（格安航空会社）に乗ったことがあるでしょうか？

私は一度の往復だけですが乗ったことがあります。

その一度の体験が「ピーチ・アビエーション」（以下「ピーチ」）でした。

２０１２年、日本はＬＣＣ元年と呼ばれました。「ピーチ」「エアアジア・ジャパン（現バニラ・エア）」「ジェットスター・ジャパン」の和製ＬＣＣ３社が相次いで運航を開始したからです。

それから5年たった現在、他の2社が苦しんでいるのを尻目《しりめ》に、「ピーチ」は好調でその企業価値を創業当初の7倍にしたと言われています。

その理由はなんでしょうか？

もちろん数多くの理由があるでしょう。

拠点が成田《なりた》空港か関西《かんさい》空港かの違いも、使い勝手に差が出ている可能性も大きいです。

しかし私は以下の理由が非常に重要だったと考えます。


ピーチだけが「安さ」以外の部分で企業の「人格（キャラ）」を鮮明にした。


詳しく解説しましょう。

まず名前やコーポレートカラーが、今までの航空会社にない斬新なもので、それだけで「人格（キャラ）」は鮮明になっています。

またコンセプトをわかりやすい「**空飛ぶ電車**」という一言で言い表したこともそうです。

ちなみに「空飛ぶ電車」とは以下のようなことを言います。

・お客さんは駅の改札を通るように自身でチェックインする。

・定刻になるとお客さんを待たず無慈悲に出発する。
・新幹線のワゴンサービスのように飲食物は有料で提供する。

さらに関西空港が拠点の航空会社ということで、以下のように大阪色を前面に打ち出したことも「人格（キャラ）」を鮮明にしました。

・機内での食事にたこ焼きやお好み焼きなどを提供する。
・機内アナウンスに大阪弁を使う。

実際、私が搭乗したのは羽田《はねだ》発着で大阪とは関係ない便でしたが、行きも帰りもパイロットもCAも機内アナウンスの最後には「まいどおおきに！」という大阪弁での挨拶《あいさつ》を（ちょっとだけ恥ずかしそうに）していました。人によっては最初から最後までコテコテ大阪弁で喋《しゃべ》る乗務員もいるそうです。

大阪弁が嫌いな乗客の方も大勢いるでしょう。たこ焼きやお好み焼きは、かなりの
を発するので、常識的に言えば機内食には向いていません。どちらも当然反対意見も

たはずですが、それをおしのけても「人格（キャラ）」を鮮明にすることを選んでいるのです。

実際には、たこ焼きやお好み焼きの匂いに対する苦情はほとんどなく、一人が買うと匂いにつられて、まわりでも売れていくそうです。

●「アジアのかけ橋」という物語

ピーチの業績のよさの要因が、すべて企業としての「人格（キャラ）」を鮮明にしたことにあるなどと言うつもりはありません。またピーチの「人格（キャラ）」が嫌いという方も大勢いるでしょう。

ただ「人格（キャラ）」を鮮明にするということは、ある種のブランディングができているということです。

そもそも値段が高くても既存の航空会社を選ぶようなお客さんは、よほどの事情がない限りＬＣＣには乗りません。だからその「人格（キャラ）」がみんなに好かれる必要はない。一部の人に強く好きになってもらうほうが重要なのです。

ピーチはその一部の人から強く好かれることに成功しています。

企業としての「人格（キャラ）」を鮮明にしたら、次は「未来のビジョン」を語りそこに向かっていく姿を示すことが重要になります。そうすることで「物語の主人公」になり、多くの人から応援してもらえる存在になれるからです。

実際、ピーチの自社サイトでは、代表取締役ＣＥＯ井上慎一《いのうえしんいち》氏が、以下のようなビジョンを語っています。

Ｐｅａｃｈが目指すのは「アジアのかけ橋」。

手頃な航空運賃で誰もが気軽に移動できるようになることで、人と人とが出会い、そこから生まれる感動や笑顔で溢《あふ》れる世界をつくることが私たちの夢です。日帰り海外旅行を楽しむ大学生。毎週関西から札幌《さっぽろ》に帰省する単身赴任のお父さん。台北から沖縄のヘアサロンに通う台湾の女の子。遠くに住む恋人に頻繁に会いに行く遠距離恋愛中のカップル。今では空飛ぶ電車の世界が実現し、日本のみならずアジアの空に大きな変化が生まれています。（中略）

日本初のＬＣＣとして、その手頃な運賃が注目されたＰｅａｃｈですが、私たちは価格競争のステージから一足先に抜け出します。「価格競争から価値創造へ」をキーワードに、今まで通り手頃な運賃を維持しつつも、航空会社の枠に捉《とら》われることのない取り組みで独自の体験価値を高め、成長著しいアジアの需要を開拓していきます。Ｐｅａｃｈは「アジアのかけ橋」という夢の実現に向け、今後も歩みを進めていきます。

これからのＰｅａｃｈの物語に、どうぞご期待ください。

まず「人格（キャラ）」を鮮明にしたピーチは、今、「アジアのかけ橋に挑戦する」という物語の主人公になろうとしているのです。

●物語の主人公になってブランド化する

ピーチは物語の主人公になることで、「ストーリーブランディング」を目指していると言えるでしょう。

「ストーリーブランディング」とは、私が２００８年から提唱している企業ブランディングの手法で、現時点でシンプルに定義すると以下のようになります。

「企業が新しい『物語の主人公』になって、その価値をわかりやすく発信することでファンを生み出しブランド化していく手法」

ではどうすれば、企業が物語の主人公になれるのでしょうか？

どこかの劇場のステージの上で、企業が「物語の主人公」を演じている姿を想像してみてください。それを客席からみているのが顧客であり見込み客です（範囲を広げると消費者全般だと言うこともできます）。

さらに重要な存在が、「物語の主人公」を演じる企業で働く従業員たちです。彼らは同じステージの上にいる共演者と位置づけることができるでしょう。共演者ではありますが、彼ら従業員も、主役である企業の様子を観察しています。

ステージの上で、主人公がじっとしている物語にワクワクするでしょうか？　しませんよね？

物語が動き出すのは、主人公が動き出す時です。それにはまず「こんな新しい未来を作りたい」というビジョンを抱く必要があります。そしてそのビジョンを実現するために行動していくことで、初めて主人公は輝き始めるのです。

これと同じことを、企業がすれば、「物語の主人公」になることができます。

「未来のビジョンを掲げそれに向かって行動」すればいいのです。

こう書くと簡単そうですが、もちろんそれを実現するのはそう簡単ではありません。

●「過去のヒストリー」と「未来のビジョン」の融合

まず「未来のビジョン」は何でもいいというわけではありません。単に儲《もう》けたいというような利己的なビジョンでは誰からも共感してもらえません。かと言って、キレイ事では嘘くさく思われますし、同業他社でも語ることができるビジョンでは心が動きません。

また簡単に達成できるビジョンではワクワクしません。困難や障害があるほど物語は盛り上がります。その「困難な目標」に向かって、いろいろな障害を乗り越えていく姿を見せる必要があります。そうやって初めて、観客（顧客・見込み客・消費者）や共演者（従業員）は、主人公（企業）のファンになっていくのです。かといって実現不可能そうなビジョンでは相手にしてもらえません。

利己的でもなくキレイ事でもない。同業他社には言えない。簡単に達成できないかもだけど、絵空事ではない。この主人公なら、ひょっとしたら達成するかもしれないという絶妙なビジョンを掲げる必要があるのです。

その時、重要になってくるのが、その企業の「過去から現在までのヒストリー」です。その企業の創業時のドラマであり、その思いがどのように引き継がれてきたかの歴史であり、現在その会社に根付いている文化でもあります。

この「ヒストリー」は非常に重要です。私が企業のストーリーブランディングのお手伝いをする時も、周辺への取材や直接のヒアリングを重視します。

経営者にインタビューするのはもちろん、創業者のエピソードも詳しく教えてもらいます。店舗・工場・オフィスなども可能な限り見学させてもらいますし、社員の方にも話を聞くことも多いです。もちろん過去の広告やライバル企業との関係などもできる限り調べます。そのように分析していく中で、この会社を物語の主人公にするには、どのようなビジョンを掲げればいいかが徐々に固まってきます。

企業のヒストリーがうまく取り入れられていて初めて説得力のある「未来のビジョン」になるのです。逆に過去と未来がバラバラだと、取ってつけたようなビジョンになってしまい、観客（顧客・見込み客・消費者）や共演者（従業員）の共感を呼べません。

きちんと過去のヒストリーが組み込まれた未来のビジョンは、実現されそうな気がして臨場感のある物語になります。

さらに理想を言うと、そのビジョンにより紡ぎだされる「物語」が今までにないまったく「新しい世界観」を生み出すようなものであれば言うことがありません。たとえば第三章で紹介した「宮原眼科」や「誠品書店」のように。

ただしこれは実際にはかなり難しいです。小説や映画のようなフィクションであっても「新しい世界観」を持つような物語はなかなか生まれないように。

けれど、あくまで理想は理想として、まずはどんなものであっても「物語」を生み出すことが大切です。

●川上コピーで旗を掲げる

「未来のビジョン」が固まったら、それを1行に凝縮して「旗印」として掲げます。

いくら素晴らしいビジョンがあっても、長い時間をかけて説明しなければならないようでは、なかなか伝わっていきません。「凝縮された旗印の1行」があってこそ初めて多くの人に伝わっていきます。「物語の主人公」としての決意表明でもあるのです。

これこそが私が「はじめに」で語った〝**重要なあるモノ**〟です。

この旗印になる1行があると、消費者は企業に「人格」を感じるようになります。それが自分に関係あると思うような、共感できる1行になっていれば、消費者はその会社を「物語の主人公」として認めます。

この覚悟を示す「旗印の1行」のことを、「川上コピー」と名付けました。会社や店のすべての活動の源流に位置するものだからです。

企業の「物語」を山の源流から海にまで流れていく「川」に、お客さんを「海」にたとえると、キャッチコピーは大きく三つに位置づけられます。

川上コピー……経営理念・企業スローガン・行動指針など、半永久的に使うもの
川中コピー……キャンペーンコピー、ブランド広告など、中長期的に使うもの
川下コピー……商品広告、販促コピー、CM、チラシなど、商品を売るために使うもの

大企業で、異なる事業や部門が複数ある場合は、支流の起点を新たな川上にして、何本もの川が分離していくイメージです。

「川上コピー」が決まれば、商品開発・ブランド戦略・広告広報・チラシ・店頭POPなど川中川下にあるすべての活動が必然的に変わっていきます。

「川上コピー」ときちんとリンクしていれば、チラシや店頭POPなどの効果は非常に大きくなります。逆に「川上コピー」とリンクしていなければ、どんなにキャッチコピーのスキルをあげても、一時的な効果しか得られません。

「川上コピー」は、一般的には経営理念や企業スローガンなどと呼ばれているものですが、その重要性に気づいている会社や店は決して多くはありません。「お客さま第一」「お客さまを笑顔に」「地域密着」など抽象的で安易な常套句《じようとう》になっていることが多いのが実情です。こんな空気コピーでは誰の心にも刺さりません。また、競合の店が掲げても違和感がない「川上コピー」ではわざわざ掲げる必然性がありません。

その企業の「過去~現在のヒストリー」とリンクした上で、「未来を変える決意や意志」がこもった、観客や共演者をワクワクさせるような力強い1行が必要なのです。

よくできた「川上コピー」は単に旗印としての役割だけでなく「事業領域を変える」という役割を果たすこともあります。

●どん底から「地方『元気』企業ランキング」ナンバー1へ

実際に私が関わった「川上コピー」の実例を紹介させてください。

四国・中国・北九州地方などを中心に80店舗以上を展開する書店チェーンである明屋書店（本社愛媛県松山市）の例です。

明屋は〝はるや〟と読みます。1939年松山市で創業され、高度成長期に店舗を増やしていき全国有数のリージョナルチェーンになりましたが、2000年代後半になると業績が悪化し赤字が続き危機的な状況になります。そして2012年、出版取次のトーハンと資本・業務提携をむすぶことになったのです。

その翌年、トーハンから出向して代表取締役に就任し、明屋書店の大改革に着手したのが小島俊一《こじましゆんいち》さんです。徹底的にコストを切り詰める反面、「従業員を大切にする」という方針をうちたて正社員のリストラは1人も出しませんでした。また従業員のモチベーションを高める施策を次々と実行します。

その結果、長年低迷していた業績を2年半でV字回復させることに成功。今までの常識を覆して書店の宿敵だと思われていたコンビニの雄、セブン-イレブンと提携。2014年3月の愛媛県初進出と合わせて既存の店の一部にセブン-イレブンを併設しました。これは当時全国初の試みでしたが、結果的には大成功を収めました。

さらに松山の中心地に建てられたビルに、本・文具・雑貨を融合した新業態「ＳｅｒｅｎＤｉｐ明屋書店アエル店」を出店します。

このような積極的な施策により業績をＶ字回復させた結果、明屋書店は２０１５年度週刊ダイヤモンド誌が選ぶ「地方『元気』企業ランキング」で全国の中小企業３００万社中トップになるという快挙をなし遂げました。

●「店内を明るく」から外へ飛び出す

２０１６年夏、事業を次のステージにのせるために、明屋書店から私に「川上コピー」の開発依頼がありました。

それまでも何度か店長研修などでお伺いさせていただいていましたが、改めて、明屋書店のヒストリーや現在の様々な取り組みをお伺いする機会を得たのです。１９７４年発行の明屋書店創業者・安藤明《あんどうあきら》氏の伝記、田中治男《たなかはるお》著『踏んでもけっても』（ポプラ社）など貴重な資料も読ませていただきました。

そんなヒストリーを知っていく中で、やはり興味深かったのは、「明屋」と書いて「はるや」と読む印象に残る社名です。

創業者の名前から取ったものですが、「明」という漢字を「ハル」と読むことは、『大言海』などの大きな辞書に記載されているそうです。「春」や「晴」という漢字の意味ともつながります。創業者の安藤明氏は、この一文字に「店内は明るくあれ」「社員は明朗であれ」との願いを込めたのです。この「店内は明るくあれ」「社員は明朗であれ」というフレーズは長らく明屋書店の社是という扱いでした。

私がまずしたのは「明」という字を改めて辞書で調べることからでした。すると「光が多い」という意味以外に「希望がもてる」「前向き」「公平」「知識がある」「よく理解している」「次に来る」など色々なポジティブな意味があることがわかりました。

そしてこの「明」という文字こそ、他の書店にはない明屋書店ならではの大きな財産であることを改めて確認したのです。

一方、小島社長が就任してからの明屋書店は次々と新しい試みにチャレンジしていました。改めて話を聞くと、セブン-イレブンとの併設店を作ったのは、「コンビニを社会のインフラととらえて、本屋とコンビニが一緒にあったらおもしろい化学反応が起こるのではないか」という視点からでした。また同じように街のインフラになるような業態を書店に取り入れる構想もあるということでした。

私はその構想を聞いてとても気持ちが明るくなりました。衰退産業と言われている書店業界に希望がもてる話だったからです。街のインフラを担うという風に考えると、書店は単に本や文具・雑貨を売るだけでなく非常に可能性のある業態になると感じました。

そのような「過去~現在のヒストリー」を元に、明屋書店が今後どのような「未来のビジョン」を掲げていけばいいかを考えました。

そんな中で思いついたのが「**街を明るくする**」というキーワードでした。

かつての社是であった「店内は明るくあれ」「社員は明朗であれ」という「店内を明るく」という発想から「外」へ飛び出し「街を明るくする」役割を果たすのです。店に行けばコンビニのように色々なインフラが揃っている。イベントや地域の集まりもそこでできる、地域にいろいろあるような問題解決業の役割も果たす。そんな店があったらきっと街は明るくなるはずです。

それは明屋書店の規模や立地だからこそできることでもあります。全国規模の書店チェーンは、原則人口30万人以上の都市でないと出店しないと言われています。そんなところで「街を明るくする」といってもリアリティがありません。かといって、街の小さな本屋ではそこまでの力はないのが実際の所でしょう。小さな街のロードサイドで大規模な店舗が多い明屋書店だからこそふさわしい役割だと思ったのです。

●「街を明るくする書店」とは？

そこで、私が提案した「川上コピー」は以下の通りです。

「書店の力」で街を明るくする。

その街に住む人たちが、気持ちが明るくなり、生活が便利になり、未来に希望が持てるようになる。そんな場を提供する店やチェーンを目指すということです。

街を明るくするためには、まず店に来てくれるお客さんの「気持ち」「知識」「未来」が明るくなることが第一歩です。

そのためには、店が明るく清潔で、働くスタッフが「明るく親切」「商品に明るい」「会社に明るい未来を感じている」ことが大前提です。

さらに、街を明るくするイベントを企画したり、コミュニティのベースキャンプの場になっていく。現在コンビニが担っているようなインフラ機能を別の角度から充実させることで便利のキーステーションの役割を果たしていく。ゆくゆくは、地域にある色々な問題を解決できるような書店を目指す。

その結果、「明屋書店があることで、その街に活気や活力がうまれ希望や未来がうまれる」と言ってもらえるような書店を目指そうという旗印です。

明屋書店のサイトには以下のフレーズで、企業理念という形で使われています。

私たち明屋書店グループは「書店の力」で街を明るくします

この1行によって、明屋書店の事業は「本を売る」ことではなく「街を明るくする」ことに変わりました。

そう考えると、さらに街を明るくする様々な新しいアイデアが生まれるはずです。

2017年10月、V字回復の立役者の小島俊一さんから酒井修さんへ社長のバトンが渡されました。

今後、「書店の力で街を明るくする」という理念にどれだけ本気で立ち向かっていく姿を世の中に見せるかで、明屋書店が「物語の主人公」になれるかどうかが決まります。「書店の力」を具体的に形作って行くことが明屋書店の従業員一人ひとりに課せられた使命になっていくでしょう。

●「理念はぬか床」理論

当たり前ですが「川上コピー」ができたらそれで終わりではもちろんありません。そこからがスタートです。

源流である川上コピーに合わせて、すべての商品やサービスに（もちろん従業員にも）きちんと反映させていくことが大切です。そうすることで、川中や川下で掲げる言葉も、おのずと規定され、流れのある物語ができあがるのです。

このようなことを話すと「川上コピーのような理念でメシが食えるのか」とおっしゃる方がいます。食えます。むしろ今の時代、理念がなければメシは食えないとさえ言えます。

注意点は「川上コピー」をお飾りにしないこと。理念はぬか床のようなものです。ぬか床のように毎日かき混ぜて、その理念をすべての商品・サービスにまぶしていくのを忘れないことが重要です。いくら素晴らしい川上コピーを考案しても、お飾りにして放っておくと、ぬか床のようにあっという間に腐ってしまう。毎日、かき混ぜて、商品・サービスにまぶしていくことが大切なのです。

「物語の主人公になって商売をする」と一度決めたら、ゴールはありません。あなたのお店が「物語の主人公」であり続けるためには、常に「未来のビジョン」に向かって進んでいく姿を、観客（顧客・見込み客・消費者）と共演者（従業員）に見せ続ける必要があるからです。

●ネットショップこそ「強い旗印」と「熱い物語」を

さて、今まであえてリアル店舗の「モノガタリ消費」について語ってきました。

しかし実際は、ネットショップも「旗印＝川上コピー」を掲げることが重要です。リアル店舗よりもむしろ重要なくらいです。

というのは、ネットショップだと、同じ商品の値段の比較が瞬時にできてしまうからです。ということは、価格競争になりやすいということです。そうなると、多くの店に勝ち目がなくなることは火をみるよりも明らかです。

そうならないためにも、ネットショップはよりエッジの効いた、強い旗印を掲げ、熱い物語を生み出す必要があります。

しかしながら、日本のネットショップで「強い旗印」を掲げ、「熱い物語」を生み出している店はあまり見かけません。

しかし海外に目を向けると、そのような「強い旗印」と「熱い物語」で成功しているショップはいくつもあります。

ここでは2012年に開店し、たった4年で10億ドル（約1100億円）の価値を持つまでになったアメリカのネットショップの事例をご紹介しましょう。

それが「ダラー・シェイブ・クラブ（Dollar Shave Club）」です。

まさに「強い旗印」で「熱い物語」を生み出したことによって多くの消費者から熱い支持を得た企業の好例です。

●時とお金をシェービングするネットショップ

「ダラー・シェイブ・クラブ」は、コメディアンのマイケル・デュビン氏とビジネスマンのマーク・レヴァイン氏が2011年に立ち上げた「1ドルの安いヒゲそりを定期購買で売るクラブ」を事業目的とした会社です。

男性の方はご存じでしょうが、今やヒゲそりはどんどん高機能になって、特に替え刃は非常に高額になっています。そのお金はバカになりません。創業者の2人は、安くて高品質なヒゲそりを会員に毎月届けるシステムを作れば、きっと支持を得られるはずだという思いで起業したのです。

とはいえ、特別なヒゲそりではありません。どこでも手に入るような普及品です。わざわざそんなものがネットで売れるとは普通は思いません。しかし、彼らはそう考えませんでした。

「多くの男性が必要としている」「定期的に買う必要がある」「ついつい買い忘れる」ことから有望な市場だと考えたのです。

彼らが掲げた「強い旗印」は以下の1行です。

Shave Time. Shave Money.（時間をシェーブして、お金をシェーブしよう）

Shave は Save（節約する）にかけられています。シンプルですが、非常にわかりやすく強いフレーズになっているのがわかるでしょう。

そして2012年3月、彼らは本格的にネットショップを開業することになりましたが、大きな問題がありました。当たり前ですが、「ダラー・シェイブ・クラブ」の知名度はほぼゼロです。これでは会員は集まりません。

そこで自分たちの思いをこめた動画をYouTubeに投稿してPRすることを思いつきます。動画はコメディアンだったデュビン氏が企画し、自ら主役として出演しました。題して Our Blades Are F★★★ing Great（「俺たちのヒゲそりはクソいいんだ」）。

その中で彼は、コメディタッチで放送禁止用語を交えながらも、以下のようなことを真面目に語りました。

「大手メーカーは振動したり肌にすいつくような
値段の高いハイテクのヒゲそりが
必要だと俺たちに思い込ませようとしている。
それはなぜか考えてみよう。
ヒゲそりはもっとシンプルで十分じゃないか？
君の親父さんやおじいちゃんの写真をみてみたまえ。

ハイテクなヒゲそりなんか使わなくても結構カッコいいだろ？
俺たちのヒゲそりはたった1ドルだけどクソいいぜ」

要は、自分たちのクラブが、当時市場の98％を占めていた大手メーカーの陰謀に立ち向かう主人公であるという「物語」を生み出したのです。

そして決めのコピーはもちろん Shave Time. Shave Money. です。

このたった2人で始めた無名企業が4500ドル（約50万円）の制作費で作った動画は、大反響を呼びました。彼らの「強い旗印」と「熱い物語」に共感する人たちが続々現れたのです。多くの男性が、ヒゲそりの持ち手の部分は安いのに替え刃はバカ高いというマーケティング戦略（いわゆるジレットモデル）に対する憤りを密《ひそ》かに抱いていたということなのかもしれません。

投稿からわずか2日間で YouTube の再生回数950万回、Twitter のフォロワー2万3000人、Facebook ファン数7万6000人、新規顧客1万2000人を獲得。1週間後には会員数2万5000人、売上180万ドル（約2億円）を達成しました。

その後も「ダラー・シェイブ・クラブ」の会員数は順調に伸び、その後4年で320万人の会員を擁して、2億ドル（約220億円）の売上をあげるまでに成長しています。

そして2016年7月、世界的企業であるユニリーバが、「ダラー・シェイブ・クラブ」を10億ドル（約1100億円）で買収したのです。

特に革新的な技術があったわけでもない、どこにでも売っているような消耗品を定期的に売るというアイデアを、物語にして訴えたことで莫大《ばくだい》な価値を生み出したのです。

●どのタイプの物語になると一番輝くか

「ダラー・シェイブ・クラブ」の例は、あまりにも大きく化けすぎたので、特殊な例だと思われたかもしれません。たしかにこんな風に簡単に人気に火がつくというラッキーが起こる確率は宝くじ並みでしょう。普通はなかなか火がつかないものです。キャンプの炭火のように我慢して風を送り続けなければならないのが普通です。

しかしその本質を見ると、決して特殊なことをやったわけではありません。

「強い旗印」を掲げ、「熱い物語」を生み出しただけです。

この本の言葉で言い換えれば「川上コピー」を掲げ、「ストーリーブランディング」をしたということです。

彼らは特別な商品を開発したわけではない。安売りをしたわけでもない（送料がかかるので、普通に同程度の商品を通販サイトなどで買うよりはむしろ高くなります）。

それでもお客さんは彼らを支持しました。

彼らが掲げる「強い旗印」に共感し、「熱い物語」に参加したいと思ったからです。

実際に買い物することで、その物語に参加したという爽快感《そうかい》を得られたのです。

このクラブに参加した消費者はまさに「モノガタリ消費」を行ったと言えるでしょう。

これはネットショップであろうが、リアル店舗であろうが実は関係ありません。

もちろん、このように、何か巨大な組織に対抗するという形だけが「物語」ではありません。いろいろな形の「物語」のタイプがあります。

どのような「物語の主人公」になると、あなたの会社が一番輝くのかを、ぜひ考えてみてください。そして成果があがったらぜひ教えてください。

お待ちしています。

おわりに

『「コト消費」の嘘』を読んでいただきありがとうございます。

本書のテーマである「コトモノ消費」や「モノガタリ消費」という考え方は、実はある地方アイドルのライブ会場で着想を得ました。

それは、新潟発のアイドル、Negicco（ネギッコ）の現場です。

Negiccoは、2003年7月に結成された、今年なんと15年目に突入する女性3人組です。結成当時小・中学生だった彼女たちも20代後半に差しかかっています。音楽性が評価されている彼女たちは、アイドルというよりは既にアーティストと言ったほうがいいかもしれません。

Negiccoの波瀾《はらん》万丈のストーリーや、なぜ私がはまったかなどは過去の著作で何度か紹介したので今回は取り上げません。知りたい方はぜひインターネットで検索してみてくだ

選手のストーリーは
もっと語っても良い

い。またライターの小島和宏《こじまかずひろ》氏が著した『Negicco ヒストリー Road to BUDOKAN -2011』（白夜書房）にもとても詳しく書かれています（2012年以降の続編も予定されているようです）。

2015年8月、Negicco は東京の日比谷《ひびや》野外音楽堂でワンマンライブを行いました。私は開場の数時間前に現場に寄ったのですが、既にTシャツやペンライトなどの物販コーナーに、夏の炎天下にもかかわらず数百人の長蛇の列ができていました。どう考えても1時間かそこらで捌《さば》ききれないような人数です。

私はNegicco 本人やその楽曲は好きですが、グッズなどのモノを欲しいと思うことはないので、かなり衝撃をうけました。

このような風景は、アイドルのライブに行く方にとっては当たり前でしょう。地方アイドルのNegicco でこれなのですから、メジャーなアイドルであれば、どんな状態になるのか想像もつきません。

本人や楽曲などがアイドルにおける「商品（モノ）」だとすれば、コンサートや握手会などのイベントに行くのは「コト消費」であり、このようにライブに来たお客さんがCDやグッズを買っていくのが「コトモノ消費」であり、裏側のストーリーや関係性を見せてファンを摑《つか》んでいくのが「モノガタリ消費」だと言えます。

またグッズなどの物販で売られている商品は、一般的に原価はかなり安く利益率が高いと言われています。おそらくライブなどの「コト消費」だけでは十分でない売上を、「コトモノ消費」によって埋めているのでしょう。アイドルが活動していくためには（特にNegicco のようなメジャーでないアイドルにとっては）なくてはならない生命線です。それがわかって炎天下に長時間並んでまで手に入れようとするファンもいるかもしれません。

このように、「楽曲や本人というモノを売る」だけでなく、ライブという「コト」に来てもらうことで、楽曲に加えその場でしか買えないグッズを売って「コトモノ消費」をしてもらうことは、アイドルだけでなく、すべてのアーティストとファンの関係に共通するものでしょう。

重要なのは、ファンはグッズを買わされているわけではない、ということです。むしろ逆です。買いたくて買いたくて仕方ない。多くのファンは買わせてもらったことに感謝をしているのです。楽しかった「コト（ライブ）」の思い出が、「モノ（グッズ）」を買うことによって「コトモノ」として形として残るからです。

企業とお客さんの関係も、アーティストとファンの関係のようになるのが望ましいと考えます。

「物語の主人公」になることで「ファン」になってもらい（「モノガタリ消費」）、「コト」を起こして「モノ」を買ってもらう（「コトモノ消費」）。

そんな関係が生まれれば理想的でしょう。

売り手も買い手も世の中もハッピーになるからです。

本書は「コト消費」というフレーズに対する違和感からスタートしました。

組上《そじょう》に載せた大型商業施設の関係者の皆さん、事例として取り上げさせていただいた会社やお店の皆さんには本当に感謝しています。

本書があなたの会社やお店で新たな「物語」が生まれるヒントになれば、これにまさる喜びはありません。最後まで読んでいただきありがとうございます。

またどこかでお会いしましょう。

２０１７年９月　川上徹也

付録
話題の最新ショッピングモール実地検証

●地方都市の大型商業施設の「コト消費」

ここ数年、「コト消費」をうたうデパートやショッピングモールなどの大型商業施設のオープンが相次いでいます。

本編の第一章では東京・大阪にある六つの2017年夏現在の状況をレポートしました。

「GINZA　SIX（東京）」（コトモノ指数）★★★☆☆3・0
「銀座ロフト（東京）」（コトモノ指数）★★★☆3・5
「MEGAドン・キホーテ渋谷本店（東京）」（コトモノ指数）★★★★☆4・0
「阪急うめだ本店（大阪）」（コトモノ指数）★★★★☆4・0
「あべのハルカス近鉄本店（大阪）」（コトモノ指数）★★☆☆2・5
「枚方 T-SITE（大阪）」（コトモノ指数）★★★★☆4・5

付録では、主に地方都市にある以下の八つの施設に行った感想を書いていきます。

「LECT（広島）」
「エディオン蔦屋家電（広島）」
「イオンモール幕張新都心（千葉）」
「ららぽーと富士見（埼玉）」
「イオンモール岡山（岡山）」
「ららぽーと湘南平塚（神奈川）」
「アピタ新守山店（愛知）」
「イオンモール常滑（愛知）」
（※文中の肩書等はすべてオープン当時のものです）

LECT（広島）

施設概要
広島市西区に2017年4月にできたショッピングモール。「ゆめタウン」などを手がける地元流通大手のイズミが、「'89海と島の博覧会・ひろしま」跡地に建設したものです。
コンセプトは「知、食、住」。特徴としては、イズミ単独ではなく「広島T-SITE

（蔦屋書店）」と「カインズ広島」というキーテナントを誘致したということ。ＬＥＣＴという名称も、住（Ｌｉｖｉｎｇ）、食（Ｅａｔｉｎｇ）、知（Ｃｕｌｔｕｒｅ）、街（Ｔｏｗｎ）を組み合わせたもの。

キャッチコピーは「毎日、行きたくなる。わざわざ行きたくなる」。イズミの山西泰明《やまにしやすあき》社長はオープンに先立って「一人でもグループでも読書や食事等を楽しめる時間消費型の商業施設として、新しいライフスタイルを提案していく。家でもない、職場や学校でもない、第三の居場所『サードプレイス』になるよう居心地の良さを追求した」という趣旨のことを述べています。

コト消費の取り組み

山西社長自ら「時間消費型」と語っているように、④時間滞在型コト消費を目指す取り組みは色々となされています。店内のあちらこちらにレストスペース（ソファや椅子）やイベントスペースが設置されていることからも、それがわかります。中央にある大きなフードコートをはじめ、「食」に関する店が多いのも特徴です。色々なイベントが毎日のように行われているようです。

キーテナントの蔦屋書店と併設されたスターバックスも、当然のように居心地よく、④時間滞在型コト消費を後押ししています。この店舗では、書店と「食」を結びつけようとする試みがいくつもありました。2階まで積み上げられた本棚というビジュアルはSNS映えしそうです。

もう一つのキーテナント、ホームセンター「カインズ」は広島県初進出とのこと。こちらは、⑤コミュニティ型コト消費を喚起しようとしています。

1階のサイクルパークでは、自転車の販売だけでなく修理メンテナンスを行い、さらに専門の従業員による情報提供などを実施する「サイクルコミュニティスペース」を目指すとのこと。2階には「DIYカウンター・カインズ工房」を設置。プロのクリエイターにも人気の高い3Dプリンターやレーザーカッターなどのデジタル加工機を導入するという本格的な工房でありながら、手ぶらできてもそこでDIYができるというスペースです。ワークショップや講座なども実施されるとのことで、まさに色々なタイプのコト消費とモノ消費を結びつけようという試みです。

カインズの土屋《つちや》裕雅《ひろまさ》社長は、オープンに先立ち「LECTのコンセプトである『サードプレイス』という概念を、カインズならではのDIY視点で深掘りすることで、モノ・コトの二つの側面から今までにないショップをつくった」という趣旨のことを語っています。

コトモノ指数　★★★★☆　３・５

「サードプレイスを目指す」というコンセプトの下、数々の施策が実施されています。イズミ、ＣＣＣ、カインズという三つの会社が同じコンセプトを掘り下げて作った「コト消費」を目指す最先端の意欲的なショッピングモールであることは確かでしょう。他のモールでよく見かけるような有名テナントが少ないことも新しい施設を作りたいという意欲を感じさせます。

特にカインズの店舗は、コトとモノをつなげようとする新しい試みが色々とあり、成果が楽しみです。

ただ、この施設は、広島の中心部からは遠く、最寄り駅からも離れた場所です。会社帰りに気軽に寄れる場所ではありません。また、飲食も目新しくおもしろそうな店が多いのですが、やや高級志向で、普段づかいというよりも、少し「ハレの日」に使うというイメージです。

「毎日行きたくなるサードプレイス」というコンセプトと実際の施設が、やや乖離《かいり》しているのではないでしょうか？　フルタイムで働いている方に平日に来てもらうにはかなりハードルが高そうです。

実際、私が訪れたのは夏休み直前の平日夕方でしたが、人はかなり少なく店内のあちらこちらにあるレストスペースは、ほとんど使われていませんでした。そうなると、逆に寂しく閑散としたイメージになってしまいます。また前述した意欲的な試みも、開店休業状態で消費につながっているようには見えませんでした。

平日にどのような「コト」を起こして、来場してもらうか。さらにそれをどう「モノ」につなげていくかが今後の課題になりそうです。

エディオン蔦屋家電（広島）

施設概要

広島市南区《みなみく》、JR広島駅南口の再開発ビル「EKICITY HIROSHIMA」の1～3階に2017年4月にできた商業施設。地元の大手家電量販店のエディオンとCCCがタッグを組んだことでも注目されています。

コンセプトは「居心地の良い時間を楽しむ　新しい発見に出会える家電店」。書店と家電店を組み合わせることで、新しいライフスタイルを提案していくという考え方は、東京・二子玉川《ふたこたまがわ》にある「蔦屋家電」をさらに進化させたものといえます。

エディオンの久保《くぼ》允誉《まさたか》会長兼社長は、オープンに際して「これまで小売業は坪あたりの売上高などいかにコスト効率を高めるかを追い求めてきたが、この店の考え方はむしろ『効率よりも非効率』。〝目的買い〟ではなく、お客様がこの店自体に魅力を感じて足を運びたくなるような、心地よく過ごせる空間づくりに力を入れた。家電市場でEC販売比率が高まるなか、足を運んでいただける店舗とはどのような店かを考えた」という趣旨のことを述べています。

コト消費の取り組み

各フロアにはそれぞれテーマがあり、それによって書籍と家電その他の商品が美しく展示されています。1階「コミュニケーションと美」、2階「趣味とワークスタイル」、3階「暮らしと子ども」。各フロアの中央部はエスカレーターとレストスペースなどがあり、それを取り囲むように、カテゴリーごとの商品が展示されています。単に家電だけを並べるわけでなく、展示方法も工夫されています。

冷蔵庫売り場では、飲料などが入れられて開かれた状態で展示。テレビ売り場であれば、ソファやテーブルなどを置いて実際にリビングなどで見るシーンを再現。洗濯機売り場には、洗濯機の歴史がパネルにまとめられていました。

キッチン関係の家電が売られている場所には、箸《はし》や包丁がキレイに展示され、関連する書籍や雑誌なども置かれています。

家電ではないですが1階で目についたのが「フードグランニチエー」というミニスーパーです。売られている商品やPOPなどがおもしろく、⑦買い物ワクワク型コト消費につながりそうでした。おつまみなどは、近くにあるマツダスタジアムの野球観戦用を意識したものが多かったです。実際、ナイターの試合に備えて、赤いユニフォームを着た方々が買い物しているのが目につきました。ニチエーは、福山市を拠点としたスーパーチェーンです。

施設全体として、④時間滞在型コト消費、⑥ライフスタイル型コト消費、⑦買い物ワクワク型コト消費などを目指す試みがいろいろとありました。

コトモノ指数　★★★☆☆　3・0

東京・二子玉川にある「蔦屋家電」は、ブックカフェ&高級家電の展示場としては素晴らしいものでした。ただ、カフェの利用者はものすごく多く滞在時間は長くても、果たしてこの場所でどれだけの人が飲食以外のモノを買うのだろう？　という疑問が常にありました。

それに比べると、この店は、エディオンが中心になったことで、家電の見せ方や売り方がかなり進化している印象です。

とはいえ、やはり「この美しい展示だけで果たしてどれくらいの人が、商品を買いたい気になるのだろう？」という感想は変わりません。

たしかに珍しい商品もたくさんありますし、発見もあります。ただ現状では、お客さんがこのライフスタイル提案のファンになるかはやや疑問です。実際は、商品はインターネットか近くのビルに入っているビックカメラで買って、こちらは休憩に利用するような人が多い気がします。

同じ広島市内にあるLECTに関して、立地的に「サードプレイスを目指すのは少し無理がある」という印象を抱きましたが、こちらの施設は広島駅前という立地を生かし、もっと「サードプレイス」的なコミュニティを作っていき、店に対するお客さんのロイヤリティを高めていく必要がありそうです。

イオンモール幕張新都心（千葉）

施設概要
千葉市美浜《みはま》区に2013年12月に開業した郊外型イオンモールの旗艦店。

コンセプトは「夢中が生まれる場所」。その意味は「人生がもっと充実する夢中になれるコトに出会い、新たな欲しいモノを発見する。自分のこだわりを満たすことで、さらに夢中が広がって行く」とのこと。

まさに「コトモノ消費」を目指して作られた施設と言えます。

施設は「グランドモール」「ファミリーモール」「アクティブモール」「ペットモール」の4エリアに分かれた空間で、最大の特徴は、「体験型施設」を多数導入したことで、施設全体の3分の1にも及びます。

開店に際してイオンモールの岡崎双一《おかざきそういち》社長は「従来とはコンセプトが全く違う。関東全域、全国、そして海外からも目的を持って来店してもらいたい」と語っています。

コト消費の取り組み

「よしもと幕張イオンモール劇場」、親子3世代で楽しめるというお仕事体験テーマパーク「カンドゥー」など、③アトラクション施設型コト消費を満たす施設が数多くあります。「ペットモール」には、24時間対応の病院・ホテルを完備し、日本最大級の総合ペットストア「ｐｅｃｏｓ」も出店しています。

「アクティブモール」には、ランニング、ボルダリング、フットサル、テニス、スノーボード、サーフィン、サイクリングとあらゆるスポーツグッズに「体験」できる要素がプラスされています。

全体として④時間滞在型コト消費、⑥ライフスタイル型コト消費、⑦買い物ワクワク型コト消費などを目指して作られた施設が数多くありました。

また、館内のあちらこちらで、多数の②イベント型コト消費も実施されています。

コトモノ指数　★★★☆☆　3・0

とにかく広く、いくつものエリアに分かれているので、端から端まで歩くだけでもかなりの時間がかかります。

２０１３年当時、イオンモールが総力をあげて作った施設だけあって、まさに「コト消費」を目指すアイデアがてんこ盛りに詰まっています。

ただ目指そうというコンセプトはとてもよくわかりますが、実際に「夢中になるコトを通じて新たな欲しいモノが見つかる」を体現する施設になっているか？　と問われると、そこまでは到達できていないのではないでしょうか？

やはり「コト」で終わってしまっている取り組みが多いような気がするからです。「コト」と「モノ」をつなげることの難しさを、まさに象徴しているような施設と言えるかもしれません。

ららぽーと富士見（埼玉）

施設概要

埼玉県富士見市東武東上線の鶴瀬《つるせ》駅東口から約１・５キロ、新日本無線の旧川越《かわごえ》製作所跡に２０１５年にオープンした三井不動産のショッピングモール。

コンセプトは「人・モノ・文化が交差する新拠点～ＣＲＯＳＳ　ＰＡＲＫ～」。体験型の施設を数多く導入するなど、「ららぽーと」として、初めて本格的に「コト消費」を取り入れた施設ということで注目を集めました。

店外は広大な面積が緑化され公園になっています。ドッグラン、ランニングコース、食材や飲料を持ち込めるバーベキュー広場などが整備され、地域の憩いの空間として活用されるようにしています。またこの公園は、地震など大規模災害時には地域の防災拠点としても活用されるとのことです。

オープンに際して、三井不動産商業施設本部・石神裕之《いしがみひろゆき》本部長は、「商圏人口は20～40代が40％以上を占め、ファミリー層が増加している。コミュニティや体験といったキーワードで、人・モノ・文化が交差する拠点を目指す」と語っています。

コト消費の取り組み
まず地域のインフラになるような施設が目につきます。
ショッピングモールとは思えないほどに医療クリニックが充実しています。歯科、眼科、総合クリニック（内科・小児科・皮膚科などの専門医師が診察）が入っていて、土日祝日も開業しています。地元の社会福祉法人が運営する認可保育所やカルチャーセンターもあります。

地元を盛り上げようという意識も高く、地元のＪＡいるま野と連携して地元産の野菜を販売する「いるマルシェ」や「彩の国レストラン」があります。

また、東京農業大学や地元生産農家との連携により、周辺の農地で野菜の収穫体験ができるイベントも行っています。

入居した全店舗が地元の商工会に加盟することで、地元に密着した施設として展開することの決意表明をしました。

体験型施設も豊富です。デジタルアートを通した体験型知育施設「チームラボアイランド―学ぶ！未来の遊園地―」。リアルさを追求した10分の１スケールのミニチュアトレイン「セガソニック鉄道」。それ以外にも子供が喜びそうな施設が揃っています。

③アトラクション施設型コト消費、④時間滞在型コト消費、②イベント型コト消費などが高いレベルで揃っています。

コトモノ指数　★★★★☆　４・０

郊外型ショッピングモールしての完成度の高さには驚きます。決して便利とは言えないような立地ですが、周辺の住民の「あったらいいな」をすべて取り込めている印象です。

わかりやすいテナントの充実度がすごいです。ユニクロ、無印良品、東急ハンズ、ニトリ、アカチャンホンポ。スタバもあればコメダ珈琲《コーヒー》店もある。さらに有力セレクトショップなども充実。池袋に出なくても、買い物はここで済ませることができそうです。

テナントで一番印象に残ったのは、スーパーマーケットのヤオコーです。商品自体も展示方法もさまざまな工夫がなされていてとてもクオリティが高かったです。整然と美しい展示がされている一方で、店頭の野菜売り場には大きな耕運機があり、そのまわりに積み上げられた段ボールで野菜が売られていました。まさに今、採れたてを運んできましたという演出ですが、これが飛ぶように売れていました。

さまざまなショッピングモールに入っているスーパーを見ましたが、これほど買いたい気持ちにさせる店はなかったです。欲をいえばイートインスペースがもう少し広ければ言うことないでしょう。

書店はリブロが入っています。店内にあった「わむぱむ」という児童書・絵本売り場が可愛らしい魅力的な空間になっていました。

目玉の体験型の施設のクオリティも全体的に高かったです。

ただ訪れたのが平日夜だったこともあり、そのようなコト消費の取り組みが、数多く入っているファッションテナントのモノ消費にどれだけつながっているかは判断がつきませんでした。

イオンモール岡山（岡山）

施設概要
岡山市北区、ＪＲ岡山駅から徒歩数分の場所に、２０１４年12月にグランドオープンしたショッピングモール。イオンモールとしては、政令指定都市中心駅前に立地する商業施設は初めてで、西日本の旗艦店という位置づけです。地下に髙島屋が入ってデパ地下を作ったことでも話題になりました。
オープンに先立ってイオンモール岩本博《いわもとひろし》専務は「２０１３年にオープンしたイオンモール幕張新都心では『モノ消費とコト消費の融合』をテーマにしたが、ここ岡山では文化や情報の発信基地を目指す」と語っています。

コト消費の取り組み
地下と1～4階までのフロアと、5～7階までのフロアで役割が完全に分かれています。

前者が「モノ」を売るためのフロアで、後者が「コト」を発信するためのフロアという位置づけです。

特に5階は、第2のグランドフロアという位置づけで、600席の客席（可動式で催事などでも使用可）がある「おかやま未来ホール」、シネコン、OHK岡山放送の放送施設、ルーフトップガーデンなどの「モノを売らない」施設が集まっています。③アトラクション施設型コト消費と④時間滞在型コト消費を兼ね備えたフロアです。

コトモノ指数　★★★☆☆　3・0

2014年の開業当時、今までにない都市型イオンモールということで、複数の人から「見に行ったほうがいい」と勧められました。その時にも見学しましたし、その後も何度か訪れる機会がありました。

当時は最先端と言われたような施設ですが、改めて見学してみるとたった数年でそれほどの目新しさはなくなっていて、時の流れの速さを感じます。

5階の取り組みは面白いのですが、下層階の「モノを売る」フロアとのつながりはあまり感じません。全体的には、コトとモノが、はっきり分けられた空間というイメージです。

ただ個人的には、同じ5階にある「未来屋書店 Life with Books」はとても好きな書店です。基本コンセプトを「森の中にある、オトナの秘密基地」と設定して、テーマごとに小部屋があり、行くたびに発見があります。

ららぽーと湘南平塚（神奈川）

施設概要

２０１６年秋、神奈川県平塚市の日産車体旧湘南工場跡地を活用した再開発事業の中核施設としてオープンしたショッピングモール。

コンセプトは、「ひらつかリビング〜My Third Place〜」。いつでも気軽に誰とでも訪れたくなるサード・プレイスを目指すとのことです。

店舗は「ギャザリング（集い・つながり）」というテーマで作られているものが多いのが特徴です。屋上のフットサルコートや整骨院とフィットネスを併設したコンディショニングセンターは、地元サッカーチーム「湘南ベルマーレ」が運営する施設です。またパブリックビューイングができるファンが集うハンバーグレストランもあります。

平塚とゆかりの深い日産自動車が、ショッピングモール内では初めてとなる店舗を出店しています。

コト消費の取り組み

全体的に子育て世代を意識して、小さな子供が遊べるスペースが多いのが特徴です。③アトラクション施設型コト消費としては、富士見にもあった「チームラボアイランド―学ぶ！未来の遊園地―」があります。映画館はありませんが、ボウリング・カラオケなどが楽しめる複合アミューズメント施設「ROUND1」が入っています。〝集い〟の空間「SHONAN　TREE　HOUSE」というコミュニティスペースも設けられました。こちらや湘南ベルマーレとのコラボ店舗などは、⑤コミュニティ型コト消費を目指す空間と言えるでしょう。

コトモノ指数　★★★☆☆　3・0

JR平塚駅から徒歩圏内ということですが、実際に歩くとかなりかかります。その分、駐車場はとても広いです。平日は駐車料金は無料になっていました。

スーパーマーケットはイトーヨーカドーが入っていますが、そのすぐ隣に食品スーパーの「北野エース」（規模は小さいですが）があり、さらに近くに「鮮魚専門店」「精肉専門店」「農産物直売所」が並んでいます。スーパーだけでは満足できない買い物客のニーズを取り込もうということなのでしょう。

コミュニティスペースである「SHONAN　TREE　HOUSE」は、書店の「有隣堂」前にあります。書店とコミュニティスペースをくっつけるのは親和性がありとてもいい試みだと思います。ただこのスペースには図書館機能もあり本が置かれていて、さらに横には有隣堂が運営するブックカフェ「STORY　CAFE」もあり、どれをどこにまで持ち込んでいいのかルールがまぎらわしいのが欠点です。余談ですが、有隣堂の店内には本のPOPよりも、ブックカフェのメニュー紹介のPOPの方が多くちょっと驚きました。

施設全体として目指すコンセプトはわかりますが、訪れたのが平日夜で、お客さんがかなり少なかったこともあり、その試みがどこまでうまく機能しているのかは未知数でした。

アピタ新守山店（愛知）

施設概要

名古屋《なごや》市守山《もりやま》区で地元流通大手ユニー株式会社が運営するショッピングモールです。もともと2000年に開業した施設ですが、2017年2月に、2階の主力だった住居関連品などの売り場を半分程度に圧縮し、CCCが運営するTSUTAYAの新業態「草《くさ》叢《むら》BOOKS」を導入してリニューアルオープンしました。

ユニーの佐古《さこ》則男《のりお》社長は以前から「これからのGMS（ゼネラルマーチャンダイズストア、総合スーパーのこと）の方向性を考えると、『モノ』を売るだけではマーケットに限界が来る。これからは『コト』、すなわちサービスをどう提案していくかが重要になる」という趣旨の発言をしています。

今回のリニューアルも、既存店に「コト消費」の要素を取り入れリニューアルを進めていく第一歩と言えるでしょう。

コト消費の取り組み

2階にある「草叢BOOKS」は、蔦屋書店のカジュアル版ともTSUTAYAの高級版とも言えそうなイメージのブックカフェです。倉庫をイメージした内装で、什器《じゅうき》や内装にお金をかけずにオシャレに見せています。

書籍部分に関しての最大の特徴は、中古本を取り扱っているという部分。これは、以前からTSUTAYAが福岡などの店舗で推し進めていた業態です。ただそのような店舗と違うのは、文具・雑貨・食などの物販を絡めディスプレイされている点です。

書籍やレンタル以外では、スターバックスに加え、フードコートやホットヨガスタジオなどを取り入れて物販以外のサービスを提供しています。小さな子供が遊べるスペースを設けて、特にママ世代の④時間滞在型コト消費を狙ったつくりです。

このようなブックカフェは名古屋地区は少なかったとのことで、お客さんを引き寄せるアトラクション施設の側面もあるでしょう。

コトモノ指数　★★★☆☆　2・5

アピタ新守山という施設全体は古さは否めませんが、2階にエスカレーターであがると「草叢BOOKS」が見えてきて、そこだけ雰囲気がガラッと変わります。集客効果はあるでしょうし、ついでに買い物や飲食につながるはずです。

中古本の販売は、出版業界に身を置く人間には否定的な意見が多いでしょう。ただ消費者目線ではありがたいことかもしれません。

「草叢ＢＯＯＫＳ」は、このような総合スーパーにおいてはキラーコンテンツになりうる要素を持っていると感じました。２０１７年4月には、アピタ各務原《かがみはら》店（岐阜県各務原市）も「草叢ＢＯＯＫＳ2号店」を導入してリニューアルしました。

またユニーは、２０１７年6月、「リーフウォーク稲沢《いなざわ》」（愛知県稲沢市）に、くつろぎのカフェと生活の困りごとを解決するコンシェルジュ機能を融合させた「暮らしカフェ」をオープンさせました。こちらも「問題解決」という「コト」を、どう「モノ」につなげることができるのかを注目したいです。

イオンモール常滑（愛知）

施設概要

愛知県常滑市にある２０１５年12月に開業した東海《とうかい》エリア最大級の大型商業施設。知多《ちた》半島西岸中央部に位置し、中部国際空港セントレアの対岸部にあるりんくう地区にあります。名古屋から電車で約1時間、名鉄りんくう常滑駅のすぐ前に立地しています。

開発コンセプトは「海と空を１２０％楽しむエンターテイメントパーク」。

さまざまなアクティビティ施設があるということと、国際空港に近い（無料シャトルバスもあり）ということで外国人観光客を意識した作りが特徴的です。

その象徴が「宿場町」をコンセプトにしたレストラン街「常滑のれん街」。入り口には、巨大提灯《ちょうちん》がぶら下がり、中に入ると巨大招き猫が出迎えてくれます。これは、常滑が焼き物の産地で、中でも「招き猫」の生産量が日本一であることに由来しています。和のテイストの通りの中に「のれん」が似合う和洋中の名店が揃っています。

敷地北側には、カートサーキット場、フィールドアスレチック、バーベキュー場、温浴施設など12のコンテンツを備える屋外型エンターテイメントパーク「ワンダーフォレストきゅりお」が配置されています。目の前には、「りんくうビーチ」があるという好ロケーションです。

さらに2017年7月にはシネコンもオープンしました。常滑市に映画館ができるのは32年ぶりとのこと。遊具施設とスクリーンが一つになった〝キッズ向けシアター＝遊べる映画館〟は国内初の施設です。

コト消費の取り組み

何よりも目につくのは③アトラクション施設型コト消費を牽引《けんいん》する施設の多さです。特に「ワンダーフォレストきゅりお」にあるサーキット場やアスレチックは、かなり本格的なものでその本気度に驚きます。また施設内では②イベント型コト消費を満たすようなイベントが常時行われています。どちらも当然、④時間滞在型コト消費につながります。1日中滞在していても飽きないほど盛りだくさんです。

レストラン街の「常滑のれん街」は、巨大提灯や巨大招き猫というアイコンがある上に、その部分だけ和のイメージで統一されているため、インパクトがあります。初めてみるような店も多く、チェーンでも「いきなりステーキ」や「串屋《くしや》物語」など、五感を刺激するコト消費的要素がある店が多い気がしました。

その他の物販の店も、⑦買い物ワクワク型コト消費を目指している店舗が多い印象です。

コトモノ指数　★★★★☆　4・0

巨大なスケールの施設で、和やおもてなしをテーマにしているにもかかわらず、どこか日本離れした印象を持ちました。たとえて言うと、中国や東南アジアなどで、日本をテーマにしたショッピングモールを作ったような趣です。今回見た大型商業施設の中でも、スケール感やインパクトでは最大級でした。

外国人観光客向けの施策もいたれりつくせりです。英語、中国語、韓国語などの店内放送はもとより、各国語に堪能《たんのう》なアテンダーが店内を巡回しています。もちろんＴａｘ－ｆｒｅｅカウンターや外貨対応両替機、海外発行カード対応ＡＴＭなど完備。荷物を置くための無料コインロッカー（冷蔵ロッカーもあり大型ロッカーは有料）も何カ所にもあります。イスラム教徒用に祈禱《きとう》室もあるとのこと。

食品スーパーの「イオンスタイル」も、楽しみながらモノを買うスタイルを目指そうとしているのが伝わってきました。

常滑地域の魅力を各所でプッシュし、名産品を販売する、観光案内があるなども、素晴らしいポイントです。常滑名産の焼き物を館内外の随所に取り入れた装飾がほどこされています。喫煙室にも常滑焼の焼酎瓶《しょうちゅうがめ》が設置されています。また地元にゆかりの企業、ＬＩＸＩＬ（前身の一つＩＮＡＸの創業の地）がプロデュースしたスタイリッシュな次世代トイレもありました。

正直、私はこの施設を訪れるまで「常滑」という地名も聞いたことがなく、焼き物の街で、「招き猫」や「急須《きゅうす》」が有名だということも知りませんでした。このように各所でアピールされていると、自然と街にも興味を持つようになりました。

全体がコト消費の施設でありながら、できるだけモノ消費につなげようとする意欲が伝わってきました。行った日は平日夕方だったので、流石《さすが》にフードコートやレストランなどは空《す》いていましたが、土日はかなり混み合うことが予想できます。

一つ気になったのが「ワンダーフォレストきゅりお」などのアトラクション施設と、イオンスタイルまでの距離が遠すぎるということです。家族連れがアトラクションで遊んだ後に、イオンスタイルで食料の買い物をしようとする時、歩くのは大変です。

一つ提案ですが、常時、無料電動カートなどが巡回していると、さらに使い勝手がよくなるのではないでしょうか?

●新たな「コト消費」は商業施設から生まれる

付録で取り上げた施設は「エディオン蔦屋書店」以外はすべてショッピングモールです。しかも「イオンモール岡山」以外は決して立地がいい場所とは言えません。

普段、自分が住んでいる地域以外のショッピングモールを訪れることはあまりないので、改めて集中的に見学したことで色々な気づきがありました。

ショッピングモールの二大巨頭である「イオンモール」と「ららぽーと」のテイストの

違いなども体感できました。

取り上げた施設が「コト消費」を売りにしようとしたのは、おそらく立地があまりよくないことと無関係ではないでしょう。

なんだかんだ言っても、立地はとても重要だからです。

たとえば、私が住んでいる神奈川県でいえば、「ラゾーナ川崎《かわさき》プラザ（川崎市）」、「テラスモール湘南（藤沢《ふじさわ》市）」などは、好調な業績が続いていると聞きます。

私自身も普段ショッピングモールに行くのは、その二つです。ラゾーナには、施設に入っている「丸善《まるぜん》」に本を買いに、テラスモールは主に映画を見る時にです。

どちらの施設も人気テナントをきっちり押さえていることもありますが、やはりそれぞれ川崎駅、辻堂《つじどう》駅に直結しているという立地のよさも業績に大きく寄与していることは間違いないでしょう。

とはいえ、そこまで立地がよい場所に建設できるショッピングモールは滅多にありません。だからこそ新しくつくるショッピングモールで、各社、実験を繰り返している真っ最中だと言えるでしょう。そして、その中から新しい成功例もきっと生まれてくるに違いありません。

私が見てきた「コト消費」をうたった商業施設は、多くがうまく「モノ消費」につながっているとは感じられず、現時点では本編中に触れた「阪急うめだ本店」や「枚方T-SITE」などの試みが参考になりそうだというのが私の感想でした。

お読みいただいたあなたにも、ぜひ新しい試みをしている商業施設に足を運び、「コト」と「モノ」をつなげるヒントを探していただければと思います。

参考図書 サイト

販売革新　２０１７年６月号ＬＥＣＴ―旧世代物販ＳＣの終焉　コト消費の、その先へ　８月号
アマゾン後のリアル店舗
商業界　２０１７年10月号　〝画鋲の時代〟にモノを売る！
激流　２０１７年５月号　大手スーパー12社の経営戦略
ＹＯＭＩＵＲＩ　ＯＮＬＩＮＥ　２０１７年５月17日　ヒット＆ロングラン　祝祭広場（阪急百貨店梅田本店）
東洋経済ＯＮＬＩＮＥ「阪急うめだ本店」なぜ婦人服が絶好調なのか？　２０１７年８月３日
ＧＩＮＺＡ ＳＩＸなるか〝脱百貨店〟　ＮＨＫニュースＷＥＢ
ピカピカだった「LoFt」ブランド……銀座出店で輝き戻せるか？　２０１７年５月６日　教えて！ｇｏｏ
大型旗艦店「銀座ロフト」、６月23日ここでしか出会えない、モノやコトを揃えオープン　２０１７年５月10日　オフィスマガジン
銀座ロフトが仕掛ける〝一歩先の提案〟とは？　創業30周年のロフトが次世代店舗　２０１７年６月23日　日経トレンディネット

ららぽーと富士見、10日開業　売上高500億円見込む　2015年4月7日　日本経済新聞
日経トレンディネット　2014年12月11日
100万社のマーケティング　2017年10月号
ダイヤモンド・チェーンストア　2017年6月1日号　ブレークスルーを起こす！店舗再創造
社長名鑑　一人でも多くの人が「宙（ソラ）を見上げたくなる」ように—。〝モノづくり〟×〝コトづくり〟戦略による成功への道のり
テレビ東京　カンブリア宮殿
「モノよりコト」で海外へ攻める日本企業　西雄大　日経ビジネス　2014年1月30日
ビジネス＋IT　企業立志伝　ヤマハはなぜ「酷評」の中でも「楽器世界一」になれたのか　桑原晃弥
ヤマハ、世界を奏でた音楽教室の50年　NIKKEI STYLE
外国人観光客が殺到！　大阪ミナミの台所「黒門市場」磯山友幸　WEDGE Infinity
アジア訪日客が「大阪・黒門市場」で食べたい意外なモノ　日経ビジネス　2014年6月19日
星野リゾートが観光列車 青森 冬の集客の目玉に　日経MJ　2017年1月20日
れんこん三兄弟 力あわせ起業・販路拡大　茨城から世界へ　毎日新聞　2016年1月6日
茨城を食べよう　いばらき食彩テストキッチン　れんこん三兄弟
農林水産省　aff　2012年4月号　明日を担う若い力　チャレンジャーズ 第59回　株式会社

れんこん三兄弟

SHUN GATE THE ROOTS OF SHUN（March ２０１６）霞ヶ浦湖畔の広大な低湿地帯で育つ良質なレンコン—茨城県稲敷市

沖縄タイムス＋プラス　ニュース　国際通りに観光客の人だかり 午後8時からのアイドルに熱中〜変わる国際通り1〜　２０１６年4月9日

すごいすと取材記　金井啓修

２０１６年11月28日　産経ニュース　福島・土湯温泉活性化へ若者の知恵が刺激に

温泉街のアイドル！　土湯温泉の「若旦那図鑑」が話題沸騰　Jタウンネット福島県

流通視察ドットコム　スチュー・レオナルド〜わくわくする仕掛け満載の陳列が名物のスーパー

広島にある〝最上級の健康〟スーパー　フレスタ、健康ブランディングを多角的に展開　井上俊明

日経ビジネスONLINE

ビッグインタビュー１４６　すべてお話しします！経営不振だった書店が、「地方で最も元気な企業ランキング全国1位」になるまで　小島俊一　ビジョネット

SCRIPTA コンテンツマーケティングブログ　新規顧客１２，０００人を経営者主演のコメディ動画で獲得「ダラー・シェイブ・クラブ」。

２０１７年6月22日　動画マーケティングの教科書　ダラーシェイブクラブのお笑い動画マーケティング

川上徹也（かわかみ・てつや）
コピーライター。湘南ストーリーブランディング研究所代表。大阪大学人間科学部卒業後、大手広告会社勤務を経て独立。東京コピーライターズクラブ新人賞、フジサンケイグループ広告大賞制作者賞、広告電通賞、ACC賞など受賞歴多数。特に「経営理念」「企業スローガン」など会社の旗印になる「川上コピー」を得意とする。「物語で売る」という手法を体系化し「ストーリーブランディング」と名付けた第一人者としても知られる。著書に『物を売るバカ』『1行バカ売れ』『こだわりバカ』（いずれも角川新書）などがあり、海外にも多数翻訳されている。

「コト消費《しょうひ》」の嘘《うそ》

川上徹也《かわかみてつや》

2017年11月10日　初版発行

発行者　郡司 聡
発　行　株式会社KADOKAWA
〒102-8177　東京都千代田区富士見2-13-3
電話　0570-002-301（ナビダイヤル）
装 丁 者　緒方修一（ラーフイン・ワークショップ）
ロゴデザイン　good design company
オビデザイン　Zapp!　白金正之
印 刷 所　暁印刷
製 本 所　BBC

角川新書
 ISBN978-4-04-082208-2 C0295